NAHRUNG FÜR DEINE SEELE

Gisela Friebel/Dr. Klaus Hoffmann

N A H R U N G

FÜR DEINE SEELE

VON

GISELA FRIEBEL
Dr. med. KLAUS HOFFMANN

Welschstraße 7 * D-8000 München 81

2. überarbeitete Auflage 1991

Umschlaggestaltung: Angelika Margull, Hamburg

Druck und Bindung: Ebner Ulm

Printed in Germany

ISBN 3-927518-13-1

"Die Zeit wird kommen, wo die Tätigkeit des Arztes nicht darin besteht, den Körper zu behandeln und zu heilen, sondern den Geist zu heilen, der dann den Körper heilen wird."

R. W. Trine

INHALTSVERZEICHNIS

	Seite
Verständnisbereitschaft erleichtert anderen Menschen das Leben	9
Gibt es wirklich Geisteskranke?	13
Bestehen wir aus 60 Billionen Einzelwesen?	23
Schizophrenie und Pyrrolurie	34
Manisch depressive Psychosen	61
Schlachthausmethoden in der Psychiatrie	73
Alkoholprobleme, Zöliakie, Paranoia, Mongolismus, Autismus, Hyperaktives Kind	78
Alkoholprobleme	78
Zöliakie	79
Paranoia	80
Autismus	81
Mongolismus	82
Hyperaktives Kind	83
Nerven gut – alles gut	93
Streß eine tödliche Falle?	103
Was bewirken Nährstoffe und was bewirken Vitamine?	111
Psychotonika	121
Sind Vitamine, Spurenelemente und Metalle wie Mineralien wirklich so wichtig?	130
Vitamin A (Retinol)	132
Vitamin B–Komplex	133
Vitamin B1 (Thiamin)	134
Vitamin B2 (Riboflavin)	135
Vitamin B6 (Pyridoxin)	135
Vitamin B12 (Cyanocobalamin)	136
Pantothensäure	137
Folsäure (Vitamin B11)	137
Niacin (Nicotinsäureamid)	138
Biotin	138
Vitamin C (Ascorbinsäure)	138

Vitamin E 140
Eisen 141
Jod 142
Kalium 142
Kalzium 143
Silizium 144
Kobalt 145
Mangan 145
Kupfer 146
Magnesium 146
Selen 148
Zink 148
Phosphor 150
Aluminium 151
Blei 152
Kadmium 153
So kontrolliert man seinen Säure/Basen–Haushalt 155
Übersäuerung der Psyche 156
Quecksilber und die Psyche 163
Der Darm, die gefährlichste Straße der Welt? 166
Was hat Fermentgetreide mit unserer Ernährung zu tun? 172
Verseuchter Gartenboden: Hilfe kommt zur rechten Zeit! 179
Kalifornische Blütenessenzen - Schlüssel zur Seele 184
Ungewöhnliche Bestimmungsmethoden für Mineralstoffstörungen 193
Quellennachweise 198

VERSTÄNDNISBEREITSCHAFT ERLEICHTERT ANDEREN MENSCHEN DAS LEBEN

Bevor Sie, lieber Leser, jetzt mit der Lektüre unseres Buches beginnen, müssen wir zum besseren Verständnis einige klärende Worte bringen. Zuerst einmal sehen wir dieses Buch als Hilfestellung für die verzweifelten Angehörigen und ihren Erkrankten. Aber auch Therapeuten, die auf dem Wege sind, wirklich helfen zu wollen, können damit arbeiten.

Wir verweisen auf vollkommen neue Wege, die auch jeder Laie unbesorgt gehen kann!

Wenn man zu diesem Buch greift, hat man in der Regel einen bitteren Weg hinter sich.

Wir haben sehr viel Wissen aus aller Welt zusammengetragen, und weil es ein so brisantes Thema ist, lassen wir über weite Strecken einfach die Experten zu Worte kommen. Wir klären Sie über die Nebenwirkungen von Medikamenten sowie Elektroschocks auf. Wir haben uns natürlich bemüht, sie klar und verständlich zu interpetieren, was mitunter nicht ganz einfach war. Wir können ja jeweils nur kurze Auszüge bringen, deswegen weisen wir zwischendurch immer wieder auf bestimmte Bücher hin. Diese sollten Sie sich wirklich besorgen, um Ihr Wissen noch mehr zu vertiefen. Die empfohlenen Bücher sind leicht verständlich geschrieben.

Auf den ersten Blick sieht unser Buch so aus, als könnte man nicht wirklich therapeutisch damit arbeiten. Das stimmt aber ganz und gar nicht. Am Schluß bringen wir ganz konkrete Hinweise, wo Sie Hilfe bekommen können. (Mit genauen Adressenangaben, sowie Preistabellen). Erst wenn Sie diese Unterlagen haben, können Sie als Angehöriger mittels Ernährung Ihrem Kranken helfen. Darauf ist dieses Buch aufgebaut. Zum Beispiel,

wenn Sie die Haaranalyse erstellen lassen, erhalten Sie vom Institut ganz genaue Hinweise, wie Sie jetzt vorzugehen haben.
Wir können schon deswegen nicht für jeden Einzelfall eine gezielte Therapie anbieten, da dieser auf jeden Fall eine präzise Abklärung vorausgehen sollte. Jeder Patient muß richtig diagnostiziert werden, erst dann können Sie mit einem Erfolg rechnen.
Für Angehörige und Patienten liest sich dieses Buch natürlich leicht und flüssig. Sie sind ja in der Regel seit vielen Jahren mit der Problematik vertraut. Andere Leser werden den Kopf schütteln und vielleicht nichts damit anfangen können. Sie können einfach nicht begreifen, wie wichtig diese Hilfestellung für psychisch Erkrankte ist.
Ich selbst, als Krebspatientin, durfte in den Jahren nach Erscheinen meines Buches "Ich habe Krebs! - Na und?" immer wieder erleben, wie das Buch verspottet und verlacht wurde. Man glaubte mir einfach nicht. Bis sie sich eines Tages selbst damit auseinandersetzen mußten. Entweder erkrankten sie selbst oder ein lieber Angehöriger oder Freund. Jetzt erst verstanden sie mich vollkommen. Ganz besonders auch meine Motivation, daß ich nur helfen will. Das möchten wir auch mit diesem Buch. Einfach helfen und sonst gar nichts.
Lesen Sie das Buch langsam und denken Sie über alles nach! Fangen Sie einfach an. Alle Dinge, die wir angeben sind wirklich ohne Nebenwirkungen! Sie können nichts falsch machen! Glauben sie uns!

August 1989 Gisela Friebel
Dr. med. Klaus Hoffmann

Als ich meiner Familie und meinen Freunden erzählte, ich wollte ein Buch über die Probleme psychisch Erkrankter schreiben, waren sie alle sehr geschockt und wollten mich davon abhalten. Ihre Sorge drückte sich darin aus, daß ich vielleicht auch "verrückt" würde.
Im ersten Augenblick war ich verletzt. Dann bestürzt und zugleich fragte ich mich erschrocken, haben sie vielleicht recht? Was kann man denn schon als einzelner dagegen ausrichten?
Schon war ich bereit, diesen Plan fallenzulassen, als ich mich plötzlich daran erinnerte, daß die Meinungen in Sachen Krebs auch sehr gespalten sind. Ein Gesunder befaßt sich kaum damit, denn er hat Angst, Krebs zu bekommen. Die Kranken hingegen sind so kaputtgemacht worden, daß sie in der Regel keine Kraft mehr haben, sich auf einen Kampf mit den Ärzten einzulassen. Ich bin Krebspatientin und habe die Kraft erhalten, mich zu wehren. Ich war schon richtig zornig auf mich, weil ich wankelmütig wurde. Dabei haben diese Menschen, die Ärmsten der Armen unter uns, es doch endlich verdient, daß man ihnen hilft. Dann fiel mir plötzlich mein Schwur ein! Vor sechs Jahren hatte ich geschworen, wenn ich dieser Hölle entkomme, dann will ich es laut hinausschreien. Es war schrecklich - nein, es war grausam! Ich hatte ständig Angst. Angst, die mich fast um meinen Verstand gebracht hat. Dann die Selbstmordabsichten. Ich sah aus dem Fenster und rechnete mir ganz kühl aus, wenn ich aus dem vierten Stock springe, bin ich weg. Unten sind Steine auf dem Weg. Es gab viele Tage, wo ich nichts anderes denken konnte. Ich lernte zu begreifen, daß man sogar "zweispurig" denken kann. Unter bestimmten Medikamenten, wohlgemerkt.
Damals dachte ich bestürzt, du lieber Gott, dann sind ja die vielen Kranken in den Psychiatrien gar nicht wirklich

krank. Ist es nicht erst das Gift, wodurch sie krank gehalten werden? Die Medikamente, nicht der Mensch sind schuld daran, daß der Kranke ein Kranker bleibt.
Jetzt weiß ich, ich muß dieses Buch schreiben!
Ich muß alles wissen und erfahren, warum man geistig krank wird und wer die Schuld daran trägt.
Der New Yorker Psychiatrieprofessor Thomas Szasz forderte 1981 in Zürich auf der internationalen Konferenz "Psychiatrie und Menschenrechte": "Nehmt den Psychiatern endlich die Macht!"
Dieser Satz war letztendlich entscheidend, mich in die ganze Tragödie Psychiatrie einzuarbeiten.
Gleich zu Anfang war mir klar: ich muß zuerst einmal wissen, was ist Seele und was ist Geist? Wie wir ja wissen, besteht jeder Mensch aus Körper, Seele und Geist!
Man spricht von Geisteskrankheiten!
Also kann ich die Wahrheit nur herausfinden, wenn ich den Unterschied entdecke, und wenn es mir glücken sollte, sogar herauszufinden, warum man am Geist erkrankt!
Sehr schnell erkannte ich bei meinem Studium, alles Wissen ist schon längst vorhanden. Es ist nur versteckt oder vergessen worden.
Fangen wir also an und durchleuchten den Geist des Menschen. Oder noch besser ausgedrückt, suchen wir unseren Geist!

GIBT ES WIRKLICH GEISTESKRANKE?

Wissenschaftler aller Nationen und Epochen versuchen immer wieder zu beweisen, daß unser Gehirn der Sitz unseres Geistes ist. Ohne gut funktionierendes Gehirn kein klarer Gedanke. 1864 glaubte man endlich den Beweis erbringen zu können. "Ohne Phosphor kein Gedanke", lautete die wissenschaftliche These. Es ist richtig, daß eine gewisse Menge von Phosphor und anderen Stoffen im Gehirn vorhanden sein muß, damit dieses arbeitsfähig bleibt. Aber daß der Phosphorgehalt des Gehirns allein keine schöpferischen Gedanken erzeugen kann, wies der Wiener Anatom Hyrtl nach, indem er darauf hinwies, daß jene Tiere, deren Gehirn verhältnismäßig den höchsten Phosphorgehalt besitzen, der Esel und die Gans sind.

Wäre nämlich Wahnsinn stets die Folge von Gehirnerkrankungen, so müßte das Gehirn eines jeden Wahnsinnigen ganz *ohne Ausnahme* krankhafte Veränderungen zeigen. Aber die anatomische Untersuchung der Schädelhöhlen vieler Wahnsinniger ergab keine Spur der Krankhaftigkeit des Gehirns.

Ich weiß, daß es ein wenig schwierig ist, dieses Kapitel zu verstehen. Vor allen Dingen dann, wenn man sich noch nie damit befaßt hat. Ich möchte aber trotzdem nicht darüber schweigen, sondern Ihnen mitteilen, was ich gerade in Bezug auf Wahnsinn und Geist herausfinden durfte.

Ich bin fest davon überzeugt, daß es Ihnen, lieber Leser, helfen wird, psychisch Kranke besser zu verstehen.

In dem Buch von G. W. Surya "Der Mensch" von 1935 schrieb Prof. Schmick: "Bei 3 084 Irren einer Anstalt zeigten nur zwei eine Verbildung des Schädels, alle anderen besaßen eine vollkommen normale Gestalt. Die anatomische Untersuchung der Schädelhöhlen vieler

Wahnsinniger ergab keine Spur einer Krankhaftigkeit des Gehirns."

Ich finde, das allein schon zu wissen, ist sehr wichtig für uns Laien. Versucht man doch heute, ständig das Gehirn zu beeinflussen, um psychisch Kranke zu "normalisieren", wie man sich jetzt ausdrückt.

Prof. Hartmann erklärte ebenfalls zur gleichen Zeit, also um 1935 folgendes: "...daß es keinen Gehirnteil gibt, den man nicht schon verhärtet, erweitert oder gelähmt gefunden hätte, *ohne* daß sich irgendwelche Geistesstörungen im Leben der betreffenden Personen gezeigt hätten."

Das sind schon starke Worte. Ich finde, es ist ganz wichtig, daß man darum weiß. Vor allen Dingen, daß es immer wieder Professoren gibt, die darauf hinweisen. So auch die Erfahrungen aus dem 1. Weltkrieg mit den vielen Soldaten mit Gehirnverletzungen, teilweise mit Substanzverlust des *halben* Gehirns, und trotzdem verblieben sie im Besitz ihrer normalen Sinne, ihres Erinnerungsvermögens. Das ist nicht nur belegt und sozusagen aktenkundig, sondern die Überlegungen der Ärzte sind sehr beachtlich.

Ein berühmter Chirurg, Prof. Carl Ludwig Schleich, erklärte öffentlich: "Ich versichere der Wahrheit gemäß, daß ich mindestens 20 Fälle von Gehirnverletzungen behandelte, bei denen löffelweise Gehirnmasse entleert wurde, ohne daß die geringste Störung der Intelligenz, des Zahlenbegriffes, des Bewußtseins der Person zu bemerken war. Immer wieder fragte ich meine Assistenten und Schwestern: "Glauben Sie jetzt noch immer, daß das Gehirn der Sitz der Seele ist?"

Und in einem anderen Buch durfte ich folgendes lesen: "Wieso kommt es, daß Wahnsinnige, die viele Jahre geistig total umnachtet oder verblödet waren, plötzlich einige Tage vor ihrem Tode ganz vernünftig werden?

Darauf gibt es nur eine Antwort: Der geistige Mensch wird von Wahnsinn, Verblödung nicht berührt! Nur die *Verbindung* (man nennt so etwas in der Fachsprache Silberschnur, oder auch Silberkordel) von Geist und Körper, ist irgendwie *gestört.* Bei der Sektion (Leichenöffnung) des genialen Architekten Schinkel in Berlin (er baute die Neue Wache in Berlin), welcher doch mit nahezu vollem Bewußtsein gestorben war, nur mehr die Häute übrigens aber den Schädel völlig leer befunden".
Dann stieß ich auf noch verblüffendere Mitteilungen, die man kaum glauben kann. Um 1890 wurde der kleine Heinecke in Deutschland geboren. Er konnte sozusagen gleich nach seiner Geburt philologisches Wissen diskutieren, er sprach lateinisch, lernte noch als Säugling hebräisch lesen, verstand die griechischen Klassiker, starb aber, bevor er von der Amme entwöhnt wurde.
Die gesamte Fachwelt von damals wußte darum. Heiße Diskussionen waren in der Fachpresse an der Tagesordnung. Viele kamen damals zu dem Schluß, "daß das Gehirn nicht als selbständiges Organ, sondern vielmehr als bloße Basis für das Eingreifen einer von der eigentlichen Materie völlig verschiedenen Wesenheit ist."
Ziemlich schwer zu verstehen, nicht wahr? Mit einfacheren Worten ausgedrückt: wir kommen mit einem hohen Wissensstand zur Welt, haben es aber nur "vergessen".
1864 kam man an den Wiener Universitäten zu dem Entschluß: *Der Geist muß sich außerhalb des Körpers befinden.*
Der unsterbliche Geist kann niemals erkranken. Wenn man also seelisch krank wird, dann ist die Seele verwirrt, weil das Verbindungskabel zwischen Gehirn und Geist irgendwie defekt ist.

Heutzutage erklärt man es sich so: "Hingegen gibt es Menschen, die mit nahezu ganz aufgelöstem Gehirn doch noch normal denken und auch ihre Gedanken durch Sprechen kundgeben". Hier gibt es nur eine Erklärung: Mit Umgehung des Gehirns (der Schalttafel) wurden *Notleitungen* vom Hauptkabel (Seele) zu den Organen gelegt. (Daß so etwas wirklich möglich ist, können wir täglich bei Gefäßerkrankungen erleben. Ist eine Arterie verstopft, sucht sie sich einen neuen Weg (Notleitung). Sie sehen also lieber Leser, es besteht auch in der heutigen Medizin diese Erfahrung.
Sicher haben Sie schon einmal gehört oder gelesen, daß wir eine Aura besitzen. Sensitive Menschen konnten sie schon immer sehen. Auch in früheren Jahrhunderten war dies bekannt und man sprach bereits darüber. Doch man hat jene stets für *verrückt* erklärt, weil man einfach nicht begriff, was sie damit ausdrücken wollten.
Erst in der heutigen Zeit hat das russische Ehepaar Kirlian ein Gerät entwickelt, das folgendes genau wiedergibt: Wir besitzen so etwas wie einen Strahlenkranz um unseren ganzen Körper. Seit über 1 000 Jahren berichten Sensitive, daß es die Aura gibt. Außerdem erklären sie, daß unser Astralkörper durch eine Art Silberschnur (Kordel) mit uns verbunden ist. In der heutigen Zeit lesen wir immer wieder in Berichten, daß Menschen bei schweren Operationen sich plötzlich über dem Operationsfeld schwebend gefunden hätten. Ihr *geistiger* Körper wäre mit einer Art silbernen Schnur oder Kordel mit dem eigentlichen Körper verbunden gewesen, der sich auf dem Operationstisch befand.
Es gibt sie also wirklich! Nur kann man sie im *Augenblick* mit unseren Geräten *noch nicht* sichtbar machen.
Sind wir wirklich so dumm und kleingläubig? Glauben wir wirklich nur das, was wir sehen, oder was die Wissenschaft nachprüfen kann? Das Leben ist viel ein–

maliger und größer als es sich je ein Wissenschaftler erträumen kann.
Nur ein kleines Beispiel: Mit freiem Auge sieht der Mensch am Himmel in einer klaren Nacht etwa 6 000 Sterne. Mit Hilfe eines guten Fernrohres aber bereits 600 000 Sterne. Mit riesigen Fernrohren kann man 50 – 100 Millionen Sterne sehen.
Genauso erging es der Wissenschaft doch mit den kleinsten Lebewesen, den Bakterien. Erst seit der Erfindung des Mikroskops kann man sie sehen! Die vorher erwähnten Millionen Sterne waren doch vor ihrer Entdeckung sicherlich ebenso vorhanden, wie die zahllosen Bakterien lebten und wirkten, ganz unbekümmert darum, ob der Mensch nun imstande war, sie zu sehen oder sonstwie nachzuweisen.
Wie oft liest man den Satz in Fachbüchern: "Dieser geniale Mensch hat nur ein paar Jahrhunderte zu früh gelebt. Deswegen wurde er damals verspottet und verhöhnt! Heutzutage wäre er ein großer Mann!"
Nur bezieht man diesen Satz leider nicht auf die Gegenwart.
Merken Sie es sich also! *Der Geist kann nie krank werden!* Er bleibt ewig! Wenn wir sterben, dann verlassen wir unseren Körper und werden Geist! Unser Geist ist rein und unzerstörbar! Bei Erkrankung können nur die Seele oder die Silberschnur gestört sein. Und somit die wirkliche Verbindung zu unserem Geist. Sie ist der Zugang zu unserem Geist außerhalb des Körpers. Wir erklären es Ihnen, lieber Leser, deswegen so ausführlich, damit Sie verstehen, daß man neue Wege gehen muß, wenn man psychisch Kranken helfen will. Darum hat die Psychiatrie auch so wenig Erfolg, denn sie sucht noch immer den Defekt im Gehirn! Glaubt tatsächlich, einem Menschen helfen zu können, von heilen gar nicht zu sprechen, wenn sie Teile im Gehirn beeinflußt. Von

Elektroschocks ganz abgesehen. Darüber werde ich auch noch ausführlich schreiben.
Unser Bestreben ist, verzweifelten Menschen die richtigen Hinweise zu geben. Dr. Klaus Hoffmann und ich sind uns sehr wohl bewußt, daß wir mit diesem Buch viel Unmut auf uns ziehen können, doch das stört uns nicht! Viele Ärzte machen schon mit und haben Erfolg.
Wie schwer es überhaupt Vertretern der Schulmedizin wird, in die Geheimnisse der Schöpfung einzudringen, hat der deutsche Mystiker Carl von Eckartshausen sehr deutlich gesagt: "Der Natur größte Geheimnisse sind am nächsten bei uns, und Einfalt findet sie eher als Stolz. Der Stolz ist die Ursache, daß die Gelehrten immer in den Wolken umherschweben und die Schätze nicht kennen, die unter ihren Füßen liegen. Der Stolz verachtet alles, lacht über alles, was er nicht begreift, Gelehrte werfen oft den Kern weg, und schreiben Bücher über die Schale."
Darum ist Selbstdenken einer der wichtigsten Grundsätze in unserem Leben! Das habe ich bitter zu spüren bekommen, als ich denken ließ.
(Lesen Sie meine Geschichte: "Ich habe Krebs! - Na und?")
Für gerechtfertigte Kritik bin ich immer zu haben, aber nicht, wenn man einfach alles lächerlich macht. Das muß ich täglich immer wieder am Telefon hören, wenn verzweifelte Krebspatienten bitterlich weinen, weil sie Angst haben zu fragen, in Sachen Ernährung, von Geopathie ganz zu schweigen.
Ein berühmter Wiener Professor sagte einmal verbittert: "Es liegen bezeugte Berichte vor, daß sich der Geist außerhalb des Körpers befinden muß. In aller Welt findet man immer wieder Außergewöhnlichkeiten in der Medizin. Selbstverständlich werden diese verschwiegen."

Wir haben dieses alles zusammengetragen, damit Sie begreifen lernen, daß man den Kranken in Ihrer Familie anders behandeln muß. Zumal es fast nichts kostet und keine Nebenwirkungen hat. Fangen Sie doch einfach mal damit an, was wir vorschlagen. Schreiben Sie uns dann, ob es etwas geholfen hat. Wir würden diese Berichte dann zusammenfassen und herausgeben. Damit andere verzweifelte Menschen wieder Mut bekommen.

Ich selbst habe damit vor sechs Jahren begonnen, als ich tödlich an Krebs erkrankte und verließ mich letztendlich nicht mehr auf die behandelnden Ärzte. Ich erhielt damals auf meine Fragen nur dumme Antworten. Bis mir der Kragen platzte und ich wütend sagte: "Ich bin zwar brustamputiert, aber nicht gehirnamputiert!" Damals begriff ich sehr schnell, in dem Krankenhaus wußte man über alternative Behandlung in Sachen Krebs gar nichts! Machte sie aber lächerlich! Ich fing einfach damit an! Außerdem hatte ich ja nichts mehr zu verlieren. Sehr schnell wurde mir klar: ich muß zuerst seelisch erkranken, um überhaupt eine *körperliche Krankheit* zu bekommen.

Jetzt weiß ich ganz genau, der Sitz der Erkrankung zeigt mir genau meine seelische Macke an. Wenn ich diese kenne und entblocke, dann kann ich mich auch wieder gesund machen. So einfach ist das! Sie werden es nicht glauben, es klappt wirklich.

Also muß ich nur allen Menschen sagen, reinigt Eure Seele und ihr werdet wieder körperlich gesund!

Bis mir eines Tages in den Sinn kam: aber was ist jetzt mit den seelisch erkrankten Menschen?

Aufgefallen war mir damals schon, daß in den Fachbüchern immer wieder zu lesen war, daß psychiatrische Patienten fast nie an Krebs erkranken! Zu Anfang habe ich einfach darüber weggelesen. Das war nicht wichtig für mich. Ich wollte ja nur gesund werden und sonst gar nichts. Doch dann fiel es mir immer wieder auf. Überall wo ich in Sachen Krebs nachschlug, kam dieser Satz vor, so oft, daß ich ihn schon gar nicht mehr überlesen konnte: Psychiatrische Kranke bekommen fast keinen Krebs! Hieße das nicht, sie sind gar nicht seelisch krank?

Das ist ja ein Ding, dachte ich daraufhin. Ich war über diese Erkenntnis so verdutzt, daß ich erst einmal viele Tage darüber nachdenken mußte.

So war also meine schöne Theorie "Sitz der Erkrankung zeigt mir genau an, woran ich seelisch erkrankt bin", nicht richtig! Viele Tage gingen meine Gedanken im Kreis gedreht. Ich kam einfach nicht auf die Lösung. Dabei war es so einfach. So sonnenklar. Nur sah ich vor lauter Bäumen den Wald nicht!

Psychiatrische Kranke sind *gar nicht seelisch erkrankt!* Sie sind es sozusagen erst später. Das ist gar nicht der Auslöser ihrer Erkrankung! Kann er gar nicht sein. Denn dann würden sie ja körperlich krank werden. Also *müssen sie vorher* einen *körperlichen* Defekt haben. Dieser körperliche Defekt *verursacht* dann den seelischen Schaden.

Die Seele wird vom körperlichen Defekt umnebelt! Oder wie ich es vorhin beschrieb, die Silberschnur ist nicht mehr ganz in Ordnung. Die Verbindungsschnur zum Geist! Sie ist, sagen wir mal, verklebt oder an manchen Stellen brüchig! Durch einen körperlichen Schaden. Diese Erkenntnis hat mich so aufgeregt, daß ich viele Nächte darüber nachgrübeln mußte.

Ich wußte auf einmal, wenn das stimmt, dann müssen sich auch Lösungen, Erlösungen für die psychisch Kranken finden. In Büchern. Alles Wissen ist schon lange vorhanden. Man muß es nur finden. Wenn es wahr war, dann müßte man gerade auch diesen Menschen ziemlich leicht helfen können. Man müßte also nur herausfinden, was die Seele krank macht. Was die Silberschnur kaputtmacht, ist Nichtwissen über diese Zusammenhänge sowie falsche Ernährung etc. Richtige Aufklärung, und vielen Kranken könnte geholfen werden. Bis ich zu dieser Erkenntnis gelangte, habe ich mir viele Stunden den Kopf zerbrochen.

Eine Idee oder eine Wahrheit ist noch lange nichts. Vor allen Dingen muß man sie erst einmal beweisen und dann auch noch die Lösung anbieten.

Als Ausgangspunkt hatte ich ja meine eigenen Erfahrungen mit den Beruhigungsspritzen. Inzwischen habe ich es von vielen hundert Krebspatienten bestätigt bekommen.

Seit über vier Jahren halte ich mit Dr. Hoffmann zusammen Vorträge, bekomme viele Briefe und Anrufe. Ich frage jetzt immer präziser und erhalte immer die gleichen Antworten.

Bestimmte Spritzen und Pillen machen richtig krank! Man zerbricht langsam und was noch viel schlimmer ist, man hat bald keine Gewalt mehr über seine eigenen Gedanken!

Sollte das die Schulmedizin vielleicht gar nicht wissen? Ich konnte es mir eigentlich nicht vorstellen! Sie hat zu viele Professoren, die sich damit beschäftigen, sehr viele Studien und vor allen Dingen auch Patienten. Es sind doch große Denker darunter! Ihnen muß es auch aufgefallen sein, warum die psychisch Kranken selten organische Krankheiten bekommen, wenn sie psychiatrisch behandelt werden. Also kam ich zu der Schlußfolgerung, sie müssen es auch erkannt haben, die Herren Professoren! Sie müssen schon lange wissen, daß die Erkrankung mit dem Gehirn, also dem Geist, gar nichts zu tun haben kann! Und doch behandelt man die Patienten bis zur heutigen Stunde so, als wäre es doch der Fall!

Ich mochte gar nicht weiterdenken! Habe ich nicht selbst kämpfen müssen, daß man mir das Beruhigungsmittel nicht mehr gab? Obwohl Arzt wie Schwestern wußten, daß die Patienten darunter litten.
Eines habe ich in den Jahren gelernt, wenn ich mich selber richtig kenne, also weiß, wie mein Körper funktioniert und so weiter, dann weiß ich auch, was mir guttut. Nur Aufklärung schützt mich vor weiteren Giften!
So habe ich damals die Reise in das mir unbekannte Land des Fachwissens angetreten, als ich mich entschloß, für die Verzweifelten unter uns ein Buch zu schreiben. Für Menschen, die gequält und geknechtet werden, die psychiatrischen Fälle, wie man so schön sagt, mußte ich wieder eine Reise antreten.
Neulich las ich, daß Zahnärzte mehr Angst vor psychisch kranken Menschen haben, als diese vor einem Zahnarzt.
Wir alle haben doch Angst vor psychisch Kranken. Ist es nicht so? Und warum haben wir Angst vor ihnen? Weil wir glauben, sie sind unberechenbar? Wir haben vor dem Unbekannten Angst. Wenn man sich damit auseinandersetzt, begreift man auf einmal, wie leicht und einfach alles ist.
Man muß nur den Wunsch in sich verspüren, helfen zu wollen, dann wird alles ganz einfach.

BESTEHEN WIR AUS 60 BILLIONEN EINZELWESEN?

Wenn ich mich kennenlernen will, dann muß ich alles über mich wissen. Über Körper, Seele und Geist! Fangen wir also mit unserem Körper an. Die Schulweisheit lehrt uns,daß wir aus über 60 Billionen Zellen bestehen. Viel mehr erfährt der einfache Mensch dann nicht mehr über den Aufbau seines Körpers. Man speist uns mit dem Hinweis ab. "Das verstehen Sie ja doch nicht." Wie oft habe ich schon diesen Satz zu hören bekommen.
Schließlich habe ich kein Abitur und konnte deswegen nicht studieren. Jetzt, nachdem ich mir all das Wissen mühsam zusammengesucht und verstanden habe, frage ich mich allen Ernstes, wurde ich deswegen nur so lapidar abgespeist, weil die wissenden Menschen gar nicht so wissend sind? Sollte ich vielleicht nicht dahinterkommen? Schon lange frage ich mich, was hat Latein mit Krankheit zu tun? Doch ich möchte jetzt nicht abschweifen.
Was kann also eine Zelle?
Wir alle wissen, daß unser Leben mit nur einer Zelle anfing. Nach 280 Tagen sind wir ein vollkommener Mensch! Schon diese Tatsache, daß eine einzige Zelle so etwas vermag, sollte uns erschauern lassen vor der Großartigkeit der Schöpfung. Wissenschaftler haben herausgefunden, daß eine Zelle nicht nur aus komplizierten Schleusenmechanismen besteht, sie unterhält Pumpwerke, Transportsysteme, Kraftwerke und Produktionsstätten. Sie hat ein eigenes funktionstüchtiges "Abwasser- und Müllbeseitigungssystem". Außerdem besitzt sie zahlreiche kleine "Elektrizitätswerke", verbrennt die Zelle Zucker als Kraftstoff.
Eine einzige Zelle produziert an die 600 Enzyme, äußerst komplizierte Hormone. Andere Zellen, genannt

Lymphozyten, produzieren krankheitsbekämpfende Abwehrstoffe.
Jede Zelle besitzt sogar ein "Nachrichtensystem", mit den Nachbarzellen kann sie sich also ausgezeichnet verständigen. Diese phantastische Miniaturwelt funktioniert mit einer wunderbaren Präzision - solange keine Störungen auftreten. Leider finden solche Störungen aber ständig statt! Der Mensch ist ja so gedankenlos und begreift einfach nicht, wie sehr er sich selber schädigt. Die kleinen Lebensmotoren der Zellen kämpfen dann um ihr Leben.
Stoffwechsel ist Erneuerung des Menschen. Wenn er gestört wird, müssen wir auf Dauer krank werden. Jede Zelle ist also fast wie ein eigenständiges Wesen. Sie kann alles selbständig. Sie wartet nur darauf, uns dienen zu dürfen. Die Zellen haben wirklich wunderbare Eigenschaften!
Aber lesen Sie doch einmal, was ich über dieses Kapitel alles zusammentragen durfte. Zum Beispiel züchtet man jetzt monoklonale Antikörper. Sie sollen den Menschen eingegeben werden. Sie sollen die Funktion haben, böse Zellen zu fressen! Wenn sie keine bösen Zellen mehr finden, fressen sie uns buchstäblich von innen heraus auf. Es gibt keine bösen Zellen. Wir haben sie durch unser Fehlverhalten nur grundlegend in ihrer Arbeit gestört und führen ihnen außerdem nicht mehr die richtigen Betriebsstoffe zu. (Münzing-Ruef "So stärken Sie Ihr Immunsystem", Heyne Verlag).
Man hat sogar herausgefunden, daß man durch richtige Farben den Zellstoffwechsel anregen kann: rote Kleidung wärmender Effekt, blaue Farbe kühlend und entzündungshemmend. Blau verkörpert den Stoffwechsel. Gelb ist gut für die Nerven!

Ich schrieb es schon einmal, innerhalb von sieben Jahren wird unser ganzer Körper erneuert. Im gleichen Rhythmus entwickelt und wandelt sich auch unsere Seele.
Um das 28., 35. und 42. Lebensjahr erhalten wir wesentliche Anstöße. Einbrüche oder Krisen, die unser Leben in eine neue Bahn lenken, passieren nicht selten um das 28., 42. und 56. Lebensjahr.
Unsere roten Blutkörperchen, die Transporteure des Sauerstoffs, leben nur vier Monate. Jede Sekunde werden also rund 2 1/2 Millionen neu gebildet.
Schmerz ist der Hilfeschrei des Gewebes. Die Zellen rufen um Hilfe! Und wir unterdrücken diesen Hilferuf. Es ist so, als wenn ein Ertrinkender im Fluß untergetaucht wird, weil sein Rufen unsere Ruhe stört.
Bewegung ist unendlich wichtig. Damit helfen wir den Zellen. Unser Körper nimmt Sauerstoff auf und atmet Säureschlacken ab. Die Durchblutung und Durchsaftung der Gewebe wird gefördert. Depressionen lösen sich.
Wie wichtig es ist, reines Wasser zu trinken, möchte ich ebenfalls erwähnen. Es löst sämtliche Stoffe, die nicht in unseren Körper gehören. Vor allen Dingen bleibt dann keine Harnsäure im Körper zurück. Damit vergiften wir die kleinen Zellen besonders schnell.
Neid, Haß, Ärger, Furcht und Angst stören den Chemiehaushalt des Körpers und haben Stockungen und Verkrampfungen zur Folge. Hat Ihnen das schon mal ein Arzt gesagt? Angst! Alle seelisch kranken Menschen haben Angst! Also muß diese doch zuerst abgestellt werden, wenn man den Stoffwechsel in Ordnung bringen will. Ist dieser wieder in Ordnung, kann man nicht mehr krank werden. Der Fall liegt bei psychisch Kranken anders. Er ist zuerst körperlich erkrankt und dann erkrankt er an der Seele. Ich vergifte meine Seele mit Körpergiften! Vergessen Sie das nie mehr!

Da lese ich dann auch schon, daß Vitamin E von sehr großer Bedeutung im Zellstoffwechsel ist. Auch Magnesium. Doch darüber werde ich noch ausführlich berichten.
Ein Ausscheidungsprozeß beginnt gewöhnlich mit Schmerzen. Das heißt, wenn man anfängt, seinen Körper zu entgiften, hat man erst sehr viele Schmerzen. Sie beginnen in der Nackengegend. Ist schon eigenartig nicht wahr? Soll sich dort nicht die Silberschnur befinden? Wird dort also zuerst der Schaden behoben? Sehen wir doch mal weiter. Also von der Nackengegend bewegt sich der Schmerz nach unten und oben. Arme, Beine, dann der ganze Körper. Bis zum Kopf, das ist dann für gewöhnlich die letzte Schmerzphase. Sie schließt mit reichlichem Schleim, der durch die Nase abgesondert wird. Auch Erbrechen, Durchfall, Fieber. Das sind also alles Erkrankungen, die dem Körper mithelfen, wieder gesund zu werden.
Während dieser Zeit wird auch alter Stuhl abgestoßen, schwarze und evtl. kleine Steine enthält dieser Stuhl. Die Haut kann sich auch abschälen. Zugleich ist in der ganzen Zeit das Denken sehr scharf. Und womit erreicht man dies alles? Sie werden es nicht glauben: mit Heilfasten!
Schauen Sie, wenn Sie schmutziges Benzin getankt haben, dann fährt Ihr Auto nicht mehr. Was tun Sie? Sie lassen das Benzin ab, reinigen die Leitungen, benutzen sauberes Benzin und das Autochen schnurrt wieder. So ist es auch mit unseren Zellen. Wenn sie gereinigt werden sollen, muß man erst alle Schadstoffe entfernen. Durch Heilfasten! Dadurch setzt ein Großreinemachen im Körper ein. Der Verstand wird dabei immer klarer. Wir werden in diesem Buch auch noch lesen dürfen, warum das so ist.

Paracelsus schrieb schon: "Wenn wir vom Standpunkt letzter Erkenntnis aus die Krankheitsursachen beschreiben wollen, so würden wir nur eine einzige Ursache finden, nämlich den Ungehorsam gegen das Gesetz der Natur."
Hippokrates sagte: "Die Menschen finden die Heilmittel nicht durch Überlegung, sondern eher durch glücklichen Zufall, und die Fachleute finden keineswegs mehr als die Laien."
Ich selbst war ja tödlich an Krebs erkrankt. In meinen Büchern habe ich beschrieben, wie ich mich selbst wieder "in die Gänge" bekam. Durch Nachdenken und Überlegungen!
Damals wußte ich auch sehr bald, daß Fett den Stoffwechsel des Körpergewebes beeinflußt und die Balance unserer Hormone durcheinanderbringt. Und als Krebspatient muß man ja unter einer Stoffwechselstörung leiden um überhaupt Krebs zu bekommen.
Habe ich gesunde Zellen im Körper, kann ich theoretisch 140 Jahre alt werden. Eine Zelle, die gesund bleibt, das heißt, frei von Giften ihrer eigenen Ausscheidungen, wird ewig leben. Sie ist unsterblich. Im Jahre 1911 horchte die ganze Welt auf, als Dr.Alexis Carrel, USA, verkündete, daß es ihm als erstem gelungen sei, lebendes Gewebe auf den Glasplättchen eines Mikroskops zu züchten und zu beweisen, daß Zellen unseres Körpers auch ganz alleine wachsen und gedeihen können, vorausgesetzt, daß sie *richtig* ernährt und ihre Ausscheidungen sorgfältig entfernt werden. Wenn man jedoch die von ihnen ausgeschiedenen Abfallstoffe nicht gänzlich entfernte, verkümmerten sie bald und starben nach einiger Zeit. Trotz guter Ernährung. Ließ man die Zellen aber ein paar Tage ohne Nahrung, beseitigte jedoch sorgfältig ihre Ausscheidungen, wiesen sie keinerlei Zeichen von Entartung auf und erholten sich

rasch, wenn man ihnen wieder Nahrung zuführte. Die Zellkultur aus dem Jahre 1911 wächst auch heute noch und wird wahrscheinlich unbegrenzt weiterleben. Lebendes Gewebe ist unsterblich, wenn das Reinigungsverfahren vollendet und die Nahrungszufuhr die richtige ist. Die Zellen sterben nicht an Hunger, sondern an "Selbstvergiftung".

Lieber Leser, haben Sie das richtig verstanden? Seit 1911 weiß man um das Geheimnis, wie man alle Menschen gesund und glücklich erhalten könnte. Richtige Ernährung und richtige Ausscheidung, also Reinigung des Darms und der Körpersäfte! Sie fragen sich, wo ich dieses Wissen gefunden habe? Natürlich in einem sehr alten Buch. Es ist einfach "vergessen" worden. Denn sonst könnte doch die Chemie nicht so gigantische Gewinne machen.

Warum wir unseren Stoffwechsel in Ordnung halten müssen, sehen Sie an folgendem Beispiel. "Wenn eine Zelle, die ausgeschieden werden sollte, im Organismus zurück bleibt, oder sich eine Zelle in einem Zustand der Inaktivität befindet, dann können alle Zellen um sie herum diese eine Zelle nicht heilen. Der Organismus muß genügend Lymphe oder Leukozyten produzieren, um sie hinauszubefördern, damit Ersatz an ihre Stelle treten kann! Vergleich: Ein verfaulter Apfel, der in einem Korb zurückbleibt, kann den ganzen Korb anstecken, aber wieviele gesunde Äpfel um ihn herum auch sind, der faule Apfel wird dadurch nie mehr gesund."

Halten Sie fest an dem Wissen, daß der Körper sich erneuern kann und es auch tut.

"1972 fanden Raher und Crile heraus, daß Zellen Informationen austauschen können, indem sie ihre Botschaften in Form einer speziellen elektromagnetischen Strahlung verschlüsseln. Die sowjetischen Wissenschaftler arbeiteten mit einem elektronischen Auge, das durch einen Fotoelektronenvervielfacher verstärkt wurde und das Energieniveau der auftreffenden Strahlung selbstätig über einen Streifenschreiber aufzeichnete. Sie entdeckten, daß die Ultraviolettstrahlung der Kulturen konstant blieb, solange die Lebensprozesse normal abliefen. Sobald jedoch eine Zellkolonie gegen eine Infektion anzukämpfen hatte, verstärkte sich die Strahlung. Und so unglaublich das klingen mag, die Schwankungen in der Strahlenintesität des UV-Lichts übertrugen Informationen, die von einer zweiten Zellkolonie irgendwie empfangen wurden wie Worte, die durch die Punkte und Striche des Morsealphabets übermittelt werden".

Alle lebenden Zellen produzieren eine unsichtbare "Strahlung".

Sie sehen also, die seriösen Wissenschaftler haben das Geheimnis der Zellen enträtselt und es kommt immer etwas ganz Einfaches dabei heraus! Gesunde Nahrung, richtige Reinigung! Wenn wir die Zelle stören, besonders durch Chemie, beginnt eine Tragödie in unserem Körper. Leider wird dieses Wissen an den Hochschulen nicht gelehrt. Es läßt sich nicht mit den chemischen Mitteln vereinbaren. So, wie es weder bei Aids noch bei Krebs ein wirkliches Mittel geben darf, denn dann wären viele Wissenschaftler und Klinikärzte arbeitslos, so darf es auch keine Lösung für psychiatrische Patienten geben. Sie ganz besonders sind doch Großkonsumenten in Sachen chemische Pillen. Also wird man Ihnen auch nie erzählen, daß die Trägheit im Stoffwechsel eine Störung der Sinnes-Nervenwege bewirkt.

Geht Ihnen jetzt langsam ein Licht auf, woran es liegt, wenn die Seele zerbricht?

In jeder Zelle rechnet man mit 10.000 arbeitsfähigen Genen. Jede Zelle speichert in ihren Genen tausende von

Informationen von unzähligen Arbeitsvorgängen. In unserem Körper sterben immerfort Zellen ab und werden durch neue ersetzt. Hormone werden laufend aufgebaut und wieder abgebaut.

Elektromagnetische Eigenschaften von Haut und Zellen springen und verändern sich ständig und kehren sich sogar um. (Jane Roberts, Gespräche mit Seht) Dr. Richard Mackerness schreibt in seinem Buch "Allergie gegen Nahrungsmittel und Chemiekalien": "Wenn wir unseren an Fleischnahrung angepaßten Stoffwechsel plötzlich mit großen Mengen raffinierter Stärke und Zucker und einem Haufen neuer synthetischer Chemikalien konfrontieren, beschwören wir den Zusammenbruch der grundlegenden biochemischen Prozesse in unseren Zellen herauf. Man kann sich meist schwer vorstellen, wie ungeheuer gefährlich es ist, in Enzymsystemen herumzupfuschen."

Prof. Krompecher sagt: "Bei allen Lebensvorgängen der Zelle werden bis zu 10.000 Enzyme benötigt. Die Entgiftungsfunktionen können nur geregelt ablaufen, wenn den Zellen genügend *Kalzium* zur Verfügung steht."

Und was tut die Schulmedizin die ganze Zeit?

Sie lacht über die richtige Ernährung!

Die Zelle braucht Eiweiß, Fett, Kohlenhydrate, *Mineralien, Vitamine, Spurenelemente und sogar Duftstoffe.* Ganz schlimm ist Sauerstoffmangel. ("Kampf dem Krebs mit Diät" Dr. E. Schneider)

Jetzt wissen Sie also, was in Ihnen direkt vorgeht! Sie allein, lieber Leser, können und müssen bestimmen, ob Sie Ihre Zellen vergiften oder mithelfen, wunderbar zu leben.

Stellen Sie sich also diese 60 Billionen Zellen einmal als kleine Raumschiffe vor. Sie haben erfahren, daß jede Zelle an die 10.000 Enzyme benötigt und vieles mehr. In

einer Zelle laufen ständig Schleusenmechanismen und Pumpvorgänge. Transportsysteme müssen unterhalten werden, ebenso Kraftwerke und Produktionsstätten von Enzymen, sowie funktionstüchtige Abwasser- und Müllbeseitigungssysteme. Nachrichten werden vom Gehirn empfangen. Dazu aber benötigt die Zelle "Betriebsstoffe". Diese werden mit dem Blut hineingebracht und in kleinen Elektrizitätswerken in elektrische Energie umgewandelt. Die Zelle liefert sogar Fertigprodukte, z.B. Hormone oder Verdauungssekrete. Sie unterhält eine rege Nachrichtenübermittlung zur Nachbarzelle.
Sie sehen also, die Zelle ist ein vollständiges kleines Wunderwerk.
Diese 60 Billionen "Raumschiffe", die Ihren Körper ausmachen, fliegen jetzt in einem Verband. Der Kopf (Seele) ist sozusagen eine Art Mutterschiff. Es gibt die richtigen Informationen. Natürlich kann das "Mutterschiff" nicht alles wissen. Braucht es auch nicht. Es hat ja den Geist auf der Erde zur Verfügung. Dort ist alles gespeichert. Wenn das Mutterschiff also Probleme hat, braucht es nur den Großcomputer zu befragen. Der Großcomputer auf der Erde ist nun der Geist. Er befindet sich ja außerhalb unseres Körpers und kann nicht geschädigt werden.
Stellen Sie sich nun mal vor, die 60 Billionen kleinen Zellraumschiffe erhalten schädlichen Sprit, also falsche Nahrung. Sehr schnell kommt es jetzt zu Komplikationen und bösen Schäden die repariert werden müssen, wenn die Zellen nicht sterben sollen. Also signalisieren sie zum Mutterschiff um Hilfe. Dieses könnte auch sofort hilfreich eingreifen und die richtigen Anweisungen geben. Vor allen Dingen, daß man den schädlichen Sprit nicht mehr nehmen soll, da läge nämlich der Hauptfehler, und nicht in der Zelle selbst. Aber alle 60 Billionen Zell-Raumschiffe funken jetzt verzweifelt zum

Mutterschiff. Es ist mit Anfragen so sehr überlastet. Alle Leitungen sind mit Anfragen *belegt.* Oder die Meldungen kommen nur verstümmelt an. Weil jetzt alles durcheinandergeraten ist. Dies ist ein guter Vergleich um zu zeigen, daß der Geist niemals falsche Antworten gibt. Wir hören nur nicht mehr auf ihn, weil wir mit unseren Krankheiten so sehr beschäftigt sind.

Es gibt nämlich zigtausend schulmedizinische Bücher in allen Bibliotheken der Welt über Krankheiten, aber keines über Gesundheit! Wir hören nicht auf unseren Geist, sondern geraten in Panik und hören auf falsche Propheten, Schulmedizin, Chemie! Außerdem sind wir ja auch inzwischen sehr bequem geworden. Wir müßten ja selber etwas tun, das schmeckt uns gar nicht.

So nehmen wir nicht nur weiter schmutziges Benzin, sprich schädliche Nahrung zu uns, jetzt nehmen wir auch noch zusätzliche Gifte zu uns. Kein Wunder, daß die Zellen langsam verzweifeln und zusammenbrechen. Wir befinden uns in einer tödlichen Falle! Durch Chemie bekommen wir einen kranken Körper und einen kranken Geist!

Würde dies nämlich nicht stimmen, dann frage ich mich nur die ganze Zeit: wieso muß die Medizin sich alle 10 bis 20 Jahre widerrufen?

Wieso steigt die Krebsrate jährlich um 2 %? Im Augenblick sterben in Europa 750.000 Menschen pro Jahr an Krebs! Wieso sind die psychiatrischen Abteilungen voller denn je?

In meinem Bemühen, die Wahrheit zu finden, habe ich auch eines entdecken dürfen, die Naturmedizin bestätigt sich immer wieder. Egal in welcher Epoche, welchem Land, bei welchen Völkern ich auch studiere und lese, immer wieder kommen wir mit der Naturmedizin auf einen Nenner!

Richtige Ernährung!

Wir essen um zu leben, wir leben nicht um zu essen! Bis zur heutigen Stunde lachen viele Schulmediziner, wenn wir sagen, daß wir durch *richtige Ernährung* die meisten Krankheiten in den Griff bekommen können. Wir nehmen täglich an die 2 bis 3 Pfund Nahrung und Flüssigkeit zu uns. Wenn wir das nicht tun, müssen wir bald sterben. Soll verkehrte Nahrung also nicht schädigen können? (Komischerweise müssen nach Schulmedizin Diabetiker sehr genau auf ihre Ernährung achten!) Wenn also nur ein paar Milligramm Medizin helfen soll, warum dann nicht 2 Pfund gute Nahrung?
Fahren Sie mal Ihr Auto mit schlechtem Benzin. Der Motor geht kaputt. Körper und Geist jedoch sollen mit schlechtem Sprit gesund bleiben können!
Wovon bildet sich das Blut neu? Die Haare? Woher nehmen die Zellen den Saft um sich zu erneuern?
Ich habe es vor sechs Jahren begriffen und mich geändert! Ich lebe noch immer putzmunter und nehme keine Medikamente. Ich will nicht die wundervollen Zellen in mir zerstören und ärgern. Ich weiß, der Schöpfer, hat sie gemacht. Ich habe Hochachtung vor dem Wunderwerk meines eigenen Körpers!
Ich habe gelernt, auf meinen Geist, sprich auf den Schöpfer, zu hören! Wenn ich frei von Ängsten gegenüber Ärzten bin (das soll nicht heißen, daß ich jeden Rat ablehne), dann kann ich auch wieder diese Stimme vernehmen. Die Stimme, die mir die Wahrheit sagt! Sie zerstört nie, sondern sie heilt und hilft!

SCHIZOPHRENIE UND PYRROLURIE

Im Pschyrembel (medizinisches Wörterbuch) kann man über die Schizophrenie folgendes lesen: "Bezeichnungen sind u.a. Jugendirresein, Verblödungspsychose, Schizophrenie ist eine endogene Psychose, deren Genese noch völlig ungeklärt ist.
Die in der Bezeichnung enthaltene seelische Spaltung i. S. des Neben- und Miteinanders von gesunden und krankhaften Empfindungen und Verhaltensweisen ist charakteristisch für diese (nur beim Menschen vorkommende) Krankheit. Wenngleich die Schizophrenie nicht gesetzmäßig erblich ist, zeigt sie doch ein gewisses Familienbild (besonders bei den prozeßhaft verlaufenden Formen).
Der Verlauf ist uneinheitlich. Gesetzmäßigkeiten für bestimmte Erkrankungsformen lassen sich nur zum Teil finden.
Symptomatik: Das Wesen der Schizophrenie liegt neben der Störung des Ich-Erlebnisses (i. S. des Beeinflußt- u. Gelenktwerdens von anderen) und dem Ich-Bezugserlebnis vor allem im gestörten Erlebnis der eigenen Person. Ferner kommen Denkstörungen und Affektstörungen vor. Aber auch Halluzinationen (Stimmenhören) meist akustisch, bzw. solche aus dem Bereich der Körperfühlsphäre, aber auch Geruchs- und Geschmackshalluzinationen, abgeleitet meist aus einer pathologischen Beziehungssetzung (Bedeutungserlebnis), Prototyp dafür ist der Verfolgungswahn."
Ich möchte hier jetzt nicht bis ins kleinste die Krankheit schildern. Darüber gibt es genug Bücher. Dieses Buch soll ja nur aufzeigen, was man machen kann, um wieder gesund zu werden. Außerdem sollen der Patient und besonders die Angehörigen auch über Nebenwirkungen

der schulmedizinischen Behandlungsweise aufgeklärt werden.
Für mich persönlich war es nur erstaunlich, lesen zu dürfen, wie genau die Wissenschaft zu diagnostizieren weiß. Nur sieht sie bei dieser Erkrankung viele Dinge als krank an und denkt nicht, daß man die Dinge auch mal aus einer anderen Sicht betrachten muß, wenn man Erfolge haben will. Vor allen Dingen, wenn man als Arzt merkt, daß der Patient nicht gesund wird.
Viele Schriften, viele gute Ärzte sind schon davon überzeugt, daß über 80 % der Kranken nicht mehr krank zu sein brauchen. Sie geben sogar unumwunden zu, daß ein kleiner Teil ihrer Patienten wirklich besessen sein müsse!
Das war die erstaunlichste Tatsache, die wir machen durften, daß man es in Fachbüchern und Fachzeitschriften unumwunden zugibt.
Wir wissen von vielen Berichten, daß es sensitive Menschen gibt, die Erfahrungsberichte aus dem Jenseits erhalten, so gut fundiertes Wissen, das jetzt in der Gegenwart auf Richtigkeit der Aussagen leicht nachgeprüft werden kann.
Mitunter sind die gemachten Äußerungen hundert und mehr Jahre alt. Sie beziehen sich auf unsere Gegenwart und auf die Zukunft.
In der Antike wurden jene Menschen (Medien) als große Seher verehrt. Zu späteren Zeiten wurden sie für verrückt gehalten. In der Regel lebten diese Medien verborgen.
Wenn heute einer sagt, er höre Stimmen, hält man ihn für verrückt und sperrt ihn ein, hilft ihm aber nicht!
80 % sind aber gar nicht wirklich psychisch krank, sondern ganz *andere* Umstände haben sie krank gemacht.

Dr. Hoffmann und ich haben ausgezeichnete Bücher aus dem In- und Ausland lesen dürfen und fanden dort sehr eigenartige Auskünfte. Vor allen Dingen fiel uns dort sehr schnell auf, daß bestimmte Dinge im Körper in Unordnung geraten, wenn man sich falsch ernährt.
Zum Beispiel durften wir lesen, daß der Histaminspiegel psychisch kranker Patienten im Blut wesentlich niedriger oder auch höher liegt, also vom Normbereich des Gesunden abweicht. Vor allen Dingen scheiden psychisch Kranke auch viel mehr Zink aus als ein gesunder Mensch. Sicherlich achtet man in der Schulmedizin nicht auf diese Dinge, da man ja noch immer nicht glaubt, daß Ernährung mit diesen Krankheiten etwas zu tun haben könnte. Also denkt man auch nicht weiter darüber nach, denn dann wäre vielleicht aufgefallen, daß Vitamin B6 diesen Mangel beheben kann. Zink und Mangan (wird später erklärt) sind sehr wichtig für einen Schizophreniekranken.
Ein Satz hat mich besonders ergriffen: "Die Herzerkrankung kann zu mehr Todesfällen führen, aber die Schizophrenie verursacht mehr Herzweh".
Das stimmt sicherlich, weil man sich als Angehöriger ja auch so hilflos vorkommt und einfach nicht weiß, wie man diesen Kranken helfen soll. Es wird ihnen ja einfach nicht gesagt, daß sie eine ganz besondere Kost benötigen, damit sie wieder gesund werden.
Schon ein Kupferüberschuß im Körper verursacht Verhaltensstörungen. Zum größten Teil ist *kupferhaltiges Trinkwasser* daran schuld. Bei einem Überschuß an Kupfer fehlen z. B. Zink und Mangan. Diese Patienten haben oft niedrige Zink- und Manganwerte und hohe Kupferwerte. Auch ein hoher Eisen- und Quecksilbergehalt und eine hohe Bleikonzentration ist bei diesen Kranken nachgewiesen worden. Sie leiden in vielen Fällen letztendlich unter einer chronischen Kupferver-

giftung. Und was noch viel schlimmer ist, ein hoher Kupferspiegel zerstört das Vitamin C. Wir alle brauchen aber das Vitamin C. Warum, das werde ich alles noch genau erklären.
Drogenabhängige weisen auch hohe Histaminwerte auf. Heroin wie *Methadon* setzt im starken Maße Histamin frei. Abnormer Gedankenablauf, Zwangsvorstellungen und Depression sind dann die Folge überhöhter Histaminwerte.
Man hat in Amerika gute Erfahrungen mit einer höheren Dosis Vitamin B6 bei der Behandlung Schizophreniekranker gemacht. Zusätzlich bekamen die Patienten auch Zink. Es ist nämlich bekannt, daß Histamin zusammen mit Zink in den Endknospen der Nervenzellen gespeichert wird. Ein Arzt schrieb :"Wir glauben, daß es eine Gruppe von Patienten mit Zinkmangel gibt, der, wenn er durch psychischen Streß kompliziert wird, zum Bild Schizophrenie führen kann. Bei der Pyrrolurie finden wir Zurückgezogenheit und Alleinsein bei Erwachsenen. "Die Seele sucht sich ihre eigene Gesellschaft und schließt dann die Tür" schrieb die Schriftstellerin Emily Dickinson über ihre eigene Erkrankung.
Sie können sich in dem Buch von Carl C. Pfeiffer "Nährstoff-Therapie bei Geisteskrankheiten", Haug Verlag, ausführlich darüber informieren. Es handelt sich um eine durch Streß ausgelöste Erkrankung, deren Symptome mit geringer werdendem Streß nachlassen. Diese Patienten leiden in der Regel unter Unverträglichkeit von tierischem Eiweiß. Besonders Fleisch ist sehr schlecht für sie. Zum Verarbeiten von Eiweiß benötigt der Organismus nämlich Zink und Vitamin B6. Begreifen Sie jetzt ganz langsam, wie wichtig es ist, daß diese Erkrankten die richtige Ernährung zu sich nehmen? Was den Streß anbelangt: Wie schlimme Folgen daraus

entstehen können, werde ich in einem gesonderten Kapitel abhandeln.
Infolge des Vitamin B6–Mangels können die Leberfunktionswerte erhöht sein, die sich aber bei Zink- und Vitamin B6–Therapie prompt zu normalisieren beginnen. Gerade die *gesunde Leber* ist unendlich wichtig für diese Patienten. Weiße Flecken an den Fingernägeln signalisieren Ihnen einen Zinkmangel. Man hat auch festgestellt, daß graue Haare wieder schwarz wurden, wenn man genügend Zink zu sich nahm. Das durfte ich übrigens bei mir selber feststellen. Zinkmangel kann in jedem Alter vorkommen.
Epilepsie, Hyperaktivität, Gedächtnisverlust, Kriminalität beruhen zu einem hohen Prozentsatz auf einem Glukosemangel. Er verändert die Hirnfunktionen drastisch, weil die Hirnzellen keine Glukose (im Blut als Blutzukker bezeichnet) speichern können und deshalb auf eine ständige Versorgung zur Energiegewinnung angewiesen sind.
Man hat mit der richtigen Ernährung nach gut zwei Monaten schon recht gute Erfolge erzielt.
Doch was gibt die Schulmedizin in der Regel diesen Patienten als Therapie? Medikamente! Die wiederum schädigen die Leber noch mehr. Die langfristige Verabreichung von *Haloperidol* verursacht chronische Muskelzuckungen der Zunge, der Gesichts-, Hals- und Armmuskeln. Starkes Schwitzen und sehr erhöhte Temperatur sowie furchtbar keuchender Atem sind als Nebenwirkungen der Psychopharmaka angegeben. Es gibt aber auch Todesfälle zu verzeichnen. Es ist schon eine traurige Sache, wenn man das alles liest und wenn ich dann an mich selber denke, oder an die vielen Krebspatienten, denen man Bestrahlung und Chemie aufhalst und die letztendlich an den Nebenwirkungen dieser angeblich heilenden Behandlung sterben. (Biolo-

gischer Krebskongreß Heidelberg 1989: Ärzte wiesen nach, daß es keine Lebensverlängerung unter dieser Behandlung gibt. Höchstens 2 % und dann bei Patienten unter 25 Jahren). Mancher psychisch Erkrankte stirbt an den Nebenwirkungen der Medikamente. In mehr als *20 Publikationen* sind von Ärzten die erschütternden Wirkungen der Langzeitbehandlung mit Medikamenten gegen Schizophrenie beschrieben worden. Sie sehen also, es stehen immer wieder verantwortungsvolle Ärzte auf und schreiben die Wahrheit. Sie warnen ihre Kollegen. Doch man hört in der Regel nicht auf sie.

In einer anderen Abhandlung durfte ich lesen, daß ein Patient tablettenabhängig wurde. Er begann mit Lyogen und Lexotantil. Um von der Tablettensucht loszukommen, fastete er nur *zwei Tage* und fühlte sich schon viel besser.

Der Patient fastete natürlich weiter und nahm auf Anraten auch noch Zink und Vitamin B6 und es ging ihm besser und er war bald seine Tablettensucht los.

Ein Bericht von 1973 beschreibt, wie sich Dr. L. Rosenhahn, Prof. der Rechte und der Psychologie und sieben seiner Kollegen in Amerika unter Simulierung einer psychischen Erkrankung in 12 Kliniken aufnehmen ließen, indem sie vorgaben, "Stimmen zu hören". Sonst verhielten sie sich völlig normal und beantworteten alle Fragen wahrheitsgemäß. Die Ärzte erkannten nicht, daß sie es mit "Normalen" zu tun hatten. Patienten schöpften Verdacht, weil sie sich dauernd Notizen machten und errieten die Wahrheit. Das Pflegepersonal verbuchte es als "krankhaften Schreibzwang". Keiner wurde geheilt entlassen. Sie erhielten den Stempel "Schizophrenie in Remission".

Als der Versuch bekannt wurde, machte Dr. Rosenhahn die Gegenprobe. Er informierte die Kliniken, daß in den nächsten drei Monaten wieder Pseudopatienten kämen.

Die Ärzte prüften 193 in diesem Zeitraum aufgenommene Patienten ganz genau. Plötzlich stuften sie 41, also 21 % der Patienten, als normal ein, was vorher nie der Fall war. Später erfuhren die Ärzte, daß Dr. Rosenhahn niemanden geschickt hatte.

Ja, ja, das sind schon tolle Sachen, die man so erfährt, nicht wahr? Es ist zugleich zum Weinen und zum Lachen. Was habe ich zu Anfang geschrieben: "Nehmt den Psychiatern die Macht!" Ja sie haben wirklich eine schreckliche Macht. Hat man nämlich erst einmal den "Stempel" in den Akten, dann ist in der Regel das Leben verpfuscht. Arbeit, Wohnung, Heiraten, das geht dann fast gar nicht mehr. Sicherlich werden viele Patienten wütend, wenn sie jetzt lesen, daß ihre Krankheit anerkanntermaßen durch eine Stoffwechselstörung ausgelöst worden ist. Oder durch eine schwere Schilddrüsenunterfunktion. Auch sie kann ein Auslöser für die Erkrankung sein. Für solche Patienten gibt es in der konventionellen Medizin keine echte Therapie.

Ich möchte nochmals betonen, Vitamin B6 und Zink sind sehr wichtig für den Ablauf biochemischer Reaktionen im Organismus. Sie sind unersetzlich. Wichtig ist auch Niacin = Vitamin B3, gewonnen aus Leberextrakt. Schizophrenie kann auch auf der Störung der Hämoglobinsynthese beruhen.

Man sollte die Leber, sowie die Nieren und die Schilddrüse ganz besonders im Auge behalten. Man hat bei einem Teil angeblich Schizophreniekranker herausgefunden, daß sie nur unter den Folgen einer Bleivergiftung litten.

Laut Grundgesetz in Deutschland darf man Therapien selbst bestimmen. Man darf sie praktisch aber nicht verweigern. Die Psychiater erklären den Patienten meistens für unzurechnungsfähig, krankheitsuneinsichtig, *therapieunwillig, jedoch behandlungsbedürftig.* Darin liegt die ganze Tragödie versteckt. Angehörige müssen einfach glauben, was ihnen der Arzt sagt. Woher sollen sie denn auch wissen, daß er nicht gründlich genug geforscht hat, daß schwere hormonelle Störungen durch Psychopharmaka ausgelöst werden können? Es wird in jedem Lehrbuch darauf hingewiesen. Nebenwirkungen wie Bremsung der Gedankenbildung, Abtötung der Gefühle, Zerstörung im Gehirn, Nerven, die nie mehr nachwachsen".

Jemand hat die Sätze geschrieben: "Psychiater produzieren lebende Leichen. Man kann es auch so sagen: Die Psychopharmaka gleichen einem Druckverband über einer Wunde, der verhindert, daß der seelische Eiter ausfließen kann. Was das für Folgen hat und welche Schmerzen das verursachen muß, kann sich auch der Laie leicht vorstelle".

"Nicht einmal weinen darf man über sein trauriges Los, schon gibt es mehr Arznei".

Ein anderer Patient hatte ein Zahnplombe aus Amalgam, die er mit einer Goldkrone zusammen bekam. Diese funktionierte ab da als Empfänger für Radiowellen. Glaubte also an Stimmen! Ich kann mir gut vorstellen, daß er einen langen, grausamen Weg gehen mußte, bis man das erkannte und den Störenfried entfernt hatte.

Ich sagte ja schon am Anfang, im "finsteren" Mittelalter war das Hören von Stimmen eine Vorstufe zur Heiligsprechung. Damals hatten die Menschen noch ein natürliches Gespür für Kraftwirkungen aus der jenseitigen Welt. Heute ist man einfach schizophren. Man gibt zwar zu, daß jene Menschen Doppelnaturen sind, oder auch beherrscht werden, glaubt aber einfach nicht an übernatürliche Gaben.

Ein Kranker sagte: "Doch, was du lernen mußt, ist, die Verrücktheit anzuerkennen und Ordnung hineinzubringen". Er hörte also auch Stimmen! Er mußte lernen zu

begreifen, ob sie es gut mit ihm meinten oder ihn beherrschen wollten.
Seriöse Ärzte in Amerika hörten sich viele Berichte von Patienten geduldig an und kamen auf die Idee, mit übersinnlicher Wahrnehmung zu experimentieren. Dr. Mitz, eine Ärztin, wollte einem Kollegen telepathisch eine Botschaft senden. Sie übermittelte ihm also per Gedanken den Whiskey–Namen Johnny Walker. Ein schizophrener Patient rannte wenig später durch die Anstalt und beklagte sich pausenlos, jemand würde ihn ständig Johnny Walker rufen.
Die Ärzte waren über dieses Experiment tief bestürzt. Es war also wirklich etwas dran, daß man per Gedanken Menschen beherrschen konnte. Sie begriffen ganz langsam, daß viele gar nicht im klassischen Sinne geisteskrank waren, sondern lediglich besonders begabte und empfindsame Sensitive mit schwacher Ich–Struktur. Wer medial veranlagt ist, muß allen Winden offen sein, somit ist deren Wesen auch offen und warmherzig. Es sind Herzensmenschen. Dahingegen dominiert beim echten Schizophrenen Verschlossenheit, Abkapselung und seelische Härte.
Im Gegensatz zum Schizophrenen reden die Stimmen vielfach pausenlos auf den Besessenen ein und geben ihm sinnlose und oft auch zerstörerische Anweisungen.
Zitat Dr. Karl Nowotny aus den "MEDIALEN SCHRIFTEN, Mitteilungen eines Arztes aus dem Jenseits". Band V: "Die Behandlung der damit zusammenhängenden Fragen erfordert natürlich eine völlig neue Einstellung, und der Begriff 'Wissenschaft' muß neu formuliert werden, wenn sich die Menschen über ihren wirklichen und wahren Stand im Weltall klar werden wollen. Der Verkehr mit der Geisterwelt muß in wissenschaftlicher Art und Weise sozusagen gesetzmäßig geregelt werden. Ich will damit sagen, daß der irdische Mensch

unterrichtet werden muß, wie er sich zu jenseitigen Einflüssen, denen ja jeder ausgesetzt ist, in allen Lebenslagen einzustellen hat, was er lernen muß im Zusammenhang mit seiner Umgebung in allen Konstellationen".

Ich sagte schon an anderer Stelle, daß der Mensch die geistigen Kräfte aufnimmt, ohne es bewußt zu wollen, allein entsprechend seiner geistigen Reife. Man darf aber nicht glauben, daß es immer so ist und daß ein schon einigermaßen hochentwickelter Mensch in jedem Fall nur die besten Kräfte anzieht.

Das menschliche Leben ist voll von materiellen Hindernissen und Schwächen, und im Jenseits finden sich mannigfaltige Wesen bereit, zu stören und Fortschritt zu verhindern. Eindrücke, die einen seelisch schwachen Menschen aus seiner gewohnten Bahn lenken, gestatten dann diesen minderen Kräften den Eintritt in seinen Organismus.

Ein Mensch, der gelernt hat, sich zu beobachten, der weiß, daß er Abstand gewinnen muß zu allen negativen Einflüssen, auch im Irdischen und von den Mitmenschen verursachten, wird rechtzeitig Abwehr finden und kann seinen guten Helfer zu Rate ziehen. Er kann es und sollte stets den Mut dazu haben.

Leider ist solchem Bestreben noch ein Riegel vorgeschoben, weil kein Mensch, oder nur sehr wenige, den Mut haben, ihre Störungen einzugestehen und sich der nächsten Umgebung anzuvertrauen. Rücksichtslos und unvernünftig muß er gegenwärtig als verrückt bezeichnet werden und mit seiner Last in einer Anstalt landen. Damit muß vor allem aufgeräumt werden und muß Sorge getragen werden, daß Verstehen und Verständnis solchen Menschen entgegengebracht wird. Rechnet nicht jedes abwegige Verhalten einem Menschen selbst zu, der so recht gegen sein sonstiges Lebensbild abwegig erscheint. Mehr, als ihr denkt, sind es fremde Einflüsse, die aber nur noch intensiver wirksam werden, je mehr ihr sie dem Betroffenen zuschreibt."

Dr. Karl Nowotny, gestorben 1965, war Psychiater in Wien und hat seit 1967 seine im Jenseits gewonnenen Erfahrungen über ein Medium mitgeteilt ("MEDIALE SCHRIFTEN, Mitteilungen eines Arztes aus dem Jenseits", siehe Quellenverzeichnis). Diese Bücher sind meiner Meinung nach von unschätzbarem Wert, vor allem für diejenigen unter uns, die in positivem oder negativem Sinn fremde geistige Einflüsse selbst erleben oder im Zusammenhang oder in der Betreuung solcher unter geistigen Störungen Leidenden damit konfrontiert sind.

Dr. Nowotny zeigt in seinen Mitteilungen Wege und Verhaltensweisen auf, wie jedermann lernen kann, sich von den Belastungen und Störungen durch Einsatz seines Willens selbst zu befreien. Darüber hinaus zeigt er in einfacher und verständlicher Form die Zusammenhänge und Wechselwirkungen zwischen Diesseits und Jenseits auf, warnt vor unrichtiger Befassung mit Spiritismus und weist eindringlich auf die damit verbundenen Gefahren hin, denen die Menschen in Unkenntnis der wahren Zusammenhänge oft ausgesetzt sind.

Für Rückfragen im Zusammenhang mit dem Inhalt der Bücher wenden Sie sich an den Verlag oder an Herrn Alfons Heim, Reichenhaller Straße 69, D–8230 Bad Reichenhall 4 (bitte Rückporto beilegen).

Es gibt bereits Ärzte, die nach den Lehren von Dr. Nowotny arbeiten.

Ich habe viele Bücher über diese Art Erkrankung gelesen. Selbst in der Bibel wird ausführlich darüber geschrieben.

Immer wieder durfte ich lesen, wenn Menschen wirklich besessen sind, sich nur der Kranke befreien kann. Aber

dazu kann er Hilfe von guten Menschen gebrauchen. Sie weisen ihm den rechten Weg.
Man muß jeden Kranken ständig daran erinnern, daß nur er für seine eigene Heilung verantwortlich ist. Niemand kann ihn auf magische Weise heilen.
Wer so etwas nicht selbst erlebt hat, kann sich gar nicht vorstellen, wie schrecklich das ist. Im Fernsehen wurde neulich eingehend davor gewarnt, Gläser- und Tischrücken zu veranstalten. Menschen leiden furchtbar darunter. Seriöse Wissenschaftler machen sich große Sorgen, weil unsere Jugend im Augenblick so leichtfertig mit solchen Dingen umgeht.
Tun Sie es nicht mit einem Schulterzucken ab! Erinnern wir uns, früher erzählten medial Begabte von der Aura des Menschen. Man verlachte sie. Seit zwanzig Jahren ist die Aura meßtechnisch beweisbar. Lisa Malin schrieb in ihrer Doktorarbeit (erschienen als Buch "Die schönen Kräfte", Verlag Zweitausend) folgendes darüber: "Die Aura ist wie ein Schutzmantel. Sie kann jedoch durch übermäßigen Nikotin- und Alkoholgenuß, ebenso wie durch Krankheit, große körperliche und seelische Probleme und durch Einnahme von Medikamenten, Löcher bekommen.
Sehr viele Männer holen sich Energie von Frauen, was meist der Grund dafür ist, warum sie mit vielen Frauen schlafen wollen. Sie können mit ihrem eigenen Energiehaushalt nicht umgehen. Der Sexualverkehr kann ein starker Energieaustausch, sogar eine Potenzierung sein, wird aber leider oft einseitig von einer Person als Energiebereicherung verwendet. Die Auren beeinflussen sich auch bei Körperberührung und längerem Aufenthalt neben einer Person. Vor allem nachts findet ein Austausch statt, zwischen Menschen, die nebeneinander oder im selben Raum schlafen.

Diese Komponente wird auch beim Heilen angewendet. Ein Mensch mit einer starken Aura kann einem schwachen oder kranken Menschen Energie übertragen oder ihm sogar zur Heilung verhelfen.
Die beste Möglichkeit, die Aura rein und aufgetankt zu halten, ist die Konzentration auf Licht, möglichst täglich. Außerdem ist ein Auftanken über Farben, Töne, Bewegung, frische Luft, Magnetismus und viele andere schöne Dinge möglich und läßt die Aura leuchten. (Viele Mediziner und Kliniken arbeiten schon mit der Kirliantherapie). Die Aura ist wie ein Bilderbuch von und über uns selbst ("Einbrüche" zeigen das genaue Krankheitsbild)".
Verfallen Sie nicht dem Irrglauben, nur das darf sein, was unsere heutige schulmedizinische Wissenschaft propagiert. Sie widerspricht sich alle 10 bis 20 Jahre.
Zumindest muß sie zugeben, daß unsere naturentfremdete Lebensweise die Zahl und Vielfalt allergischer Reaktionen in den letzten Jahren erschreckend anwachsen ließ. Martin Urban schreibt: "...daß die Zwangsvorstellung, die eigene Tochter töten zu müssen, lediglich durch Spuren eines Pflanzenschutzmittels in der Nahrung provoziert wird, ist wirklich schrecklich".
Allergien gegen Roggen, Weizen, Gerste, Hafer können oft zu einer Schizophrenie führen. Man findet sie überdurchschnittlich häufig bei diesen Kranken. Dies ist seit 1905 bekannt.
Dr. A. Calatin, USA, zitiert nach Pfeiffer: "...daß bis zu 92 % aller schizophrenen Patienten allergische Reaktionen zeigen. Erstaunlicherweise sind ja Nahrungsmittel, für die der Patient eine besondere Vorliebe zeigt, oder denen er sogar wie ein Rauschgiftsüchtiger verfallen ist, besonders schädlich für ihn".
Sie fanden aber auch heraus, daß Wasser, Luft und Sonne den Kranken kräftigen. Künstliches Licht dagegen ist

sehr schlimm. Patienten, die den ganzen Tag eingesperrt werden und nicht an die Luft dürfen, werden kränker statt gesünder!
"Wer sich naturgemäß ernährt, bei dem kommt alles wieder ins Lot, auch die Seele".
"Da arbeitet man lieber mit teuren technischen Apparaten und schnell wirkenden Substanzen, die zwar stillegen, aber nicht heilen können".
Für solche Patienten ist es auch lebenswichtig, daß sie ein Lebensziel vor Augen haben. Wenn jene anderen Patienten helfen können (Rollstuhlschieben, beim Essen helfen, vorlesen etc.), bedeutet das ein Erfolgserlebnis für sie.
Psychiater Julian Silverman fand heraus: "Immer mehr Anhaltspunkte sprechen dafür, daß die tiefsten schizophrenen Desorganisationen beeindruckende Reorganisationen und Entfaltungen der Persönlichkeit vorbereiten". Mit anderen Worten: Man soll darauf achten, daß sie arbeiten und nicht tatenlos herumsitzen.
Eine ehemalige Patientin sagte mir noch neulich: "In meiner schlimmsten Phase war ich stinkfaul, alle nahmen Rücksicht darauf und nahmen mir jegliche Arbeit ab. Eigentlich fand ich das ganz toll. Nur daß ich mich so langweilte war blöd".
Sie hat selber begonnen, die Tabletten abzusetzen und ist über Ernährung wieder "normal" geworden.
"Viele Schizophreniekranke sollten nicht Behandlung, sondern einen Zufluchtsort erhalten", sagt man in Amerika. "Einer der größten Fehler der modernen Medizin liegt darin, daß sie das Krankheitssymptom und die Krankheit selbst als einen körperschädlichen, körperzerstörerischen Prozeß ansieht". Dabei ist das Gegenteil der Fall, Krankheit ist ein echtes Heilbestreben des Organismus, Körper und Seele in Richtung Gesundheit zu bringen.

"Die Natur kennt keine Selbstzerstörung", sagt der Biologe G. C. Stahlkopf. Aber auch Freud sagte schon: "Schizophrenie ist keine Krankheit, sondern der Versuch einer Heilung". Übrigens, gute Ärzte und Philosophen wußten das schon seit Jahrtausenden. Sie sagten: "In diesem Sinne war die alte Gummizelle im Grunde humaner als die künstliche Kirchhofsruhe voller "niedergespritzter Patienten".

Nach einem Veitstanz (krankhafte Bewegungsunruhe) sagte ein Patient: "Das ist ein Gefühl wohliger Gymnastik".

Nichts rückt die aus der Ordnung geratene Seelenwelt besser zurecht, als die liebevolle, eindringliche Beschäftigung mit der Natur. Sätze wie: "Der Natur niemals den Weg zu einer möglichen Selbstheilung verbauen", sollte man nie vergessen. In Amerika hat man immer wieder feststellen können, daß Geisteskrankheiten verschwinden, wenn es gelingt irgendein körperliches Leiden zu beseitigen. Ja, durch Fasten und Rohkost kann man vieles beseitigen. Schon Hippokrates heilte durch Diät, Dampfbad, Erbrechen. Dr. Aschner hat alles nachvollzogen und damit erstaunliche Erfolge erzielt. Durch Fasten wird nämlich der zu hohe Proteinspiegel im Blut gesenkt. Das ist bereits nach sieben Tagen der Fall.

Durch Heilung seiner Erkrankung hätte man dann pro Patient 12 000 Tabletten gespart! Die Hilflosigkeit der Ärzte auf diesem Gebiet verhindert das leider in der Regel.

Besonders gute Wirkung hat das Singen. Dadurch wird das innere Hören und Reden abgeschaltet. Lieber täglich eine Stunde singen, als dreimal überstarke Arznei einnehmen.

Viele der Erkrankten leiden an einer biochemischen Störung. Hat man Ihnen das schon mal gesagt? Finge man mit der Behandlung an, weil konservative Heilme-

thoden erfolglos sind, würde man vielen schlagartig helfen können.
In Amerika fand man heraus, daß die Ernährungstherapie tatsächlich der Schlüssel zu vielen "unheilbaren" Krankheiten sein kann. Bircher-Benner hat sowohl körperlich Kranke als auch Depressive mit seiner Vollwertkost geheilt. "Es ist keineswegs so, daß Geisteskranke auf denaturierte oder gesundheitsschädliche Nahrung versessen wären. Viele Schizophrene weigern sich z. B. Fleisch zu essen, weil es ihnen aus einem gesunden Instinkt "plötzlich eklig" erscheint.
Wer gut reinigt, heilt auch gut. Nach drei Wochen bessert sich der Zustand schon. Oft ist es nur ein einziger fehlender Stoff, der dem Körper zugeführt werden muß, und die "Geisteskrankheit" schwindet wie von Geisterhand.
Man weiß schon lange, daß Afrikaner, besonders die schwarze Bevölkerung, "geisteskrank" werden, wenn ihre Nahrung zu wenig Vitamin B1 enthält. Schizophrenie ist überraschend schnell mit Vitamin B3 zu heilen. In anderen Fällen genügen Gaben von Vitamin C und B12, während Altersirresein auf Ribonukleinsäure anspricht.
Es gibt hervorragende Studien in dieser Richtung, nur spricht man nicht in aller Öffentlichkeit darüber.
Aber auch ein Fußbad, Sitz- und Vollbäder und Wassertreten sind sehr gut. Alles regt den Stoffwechsel an. Professor H. G. Zapotoczky hat eine Therapie des Schlafentzugs entwickelt. Eine Nacht wach halten, nächste Nacht schlafen, dann wieder wach halten. Zwei bis drei durchwachte Nächte genügen oft, um eine Besserung zu erzielen. Der Wirkmechanismus ist noch nicht geklärt. Aber glauben Sie ja nicht, daß man es dann überall anwendet, wenn man diesen herausfindet. Das geht einfach nicht. Das könnte jeder daheim selber tun; es ist billig und man braucht keine Tabletten mehr.

In einigen Privatkliniken hat man mit den Kranken gespielt. Ballspiele etc. Sie bringen eine neue Dimension in den freudlosen Klinikalltag, deren heilende Wirkung gar nicht gut genug betont werden kann. Vor allem ist Lachen sehr wichtig: Jogging für die inneren Organe!
Dr. van Aaken fand einen Weg der Heilung durch Dauerlauf. Er bringt Sauerstoff in den Körper und verbrennt außerdem die Schlacken. Man entsäuert sich. "Die Seelenärzte haben längst erkannt, daß *Faulheit typisch für Schizopreniekranke ist"*. Dr. Mc Millen: "Es gibt kein besseres psychotherapeutisches Mittel als eine gewöhnliche Scheuerbürste. Durch körperliche Arbeit in frischer Luft wird die Seele mehr aus ihrer inneren Versunkenheit gerissen und mit der Außenwelt wieder in Verbindung gebracht" heißt es bei Dr. Aschner.
Vergessen Sie also nie mehr, nur Gesundes zu sich zu nehmen. Pyramidon, Aspirin, Neorexia, Neotropia und andere Teerprodukte sind reine Zellgifte für den Körper. Nicht nur der Psyche, sondern dem Gesamtorganismus wird schwerer Schaden zugefügt.
Prof. Mary Asberg, Schweden, hat bei Selbstmördern biochemische Anomalien nachgewiesen. Das sollte uns zu denken geben. Dr. Treichler meint: "Unsere Untersuchungen führten zu der Vorstellung, daß der Schizophrenieprozeß in den schwachen Stellen der Eiweißstruktur verwurzelt ist". (Darum die Ernährung ändern!)
Die Kelten behandelten seelisch-nervöse Krankheiten schon mit der Mistel.
Sie sehen also, lieber Leser, man könnte fast alle Patienten heilen, wenn man die krankmachenden Nahrungsmittel und Chemikalien herausfindet, sie also nicht mehr ißt. Sogar bei denen. die schon Jahrzehnte krank sind, kann noch eine teilweise Besserung erreicht werden.

Das Wort Schizophrenie bedeutet wörtlich: "gespaltener Geist". Es ist eine tragische Krankheit, da sie vor allem junge Menschen um das 20. Lebensjahr befällt. Sie verlieren den Bezug zur Realität und bekommen seltsame Verzerrungen von Gedanken, Gefühlen und Verhaltensweisen. Es gibt dabei keine Übereinstimmung zwischen Gedanken und Gefühlen. Oft erzählen Patienten von schrecklichen Schmerzen unter denen sie leiden und lachen dabei aus vollem Hals. Auch treten Halluzinationen und Wahnvorstellungen auf, die mit größter Überzeugung verfochten werden.

Das weltweite Vorkommen der Schizophrenie bleibt die meiste Zeit bemerkenswert konstant. Es sind O,85 bis 1,2 % der Bevölkerung davon betroffen. Die Krankheit ist also keineswegs selten.

In während des 2. Weltkrieges besetzten Ländern war sie aber zurückgegangen. Doch als die *Ernährung wieder reichhaltiger wurde,* war sofort wieder ein Anstieg zu verzeichnen. Selbst das nahm man nicht zur Kenntnis.

Bis zum heutigen Tag lachen die Klinikärzte, wenn man fragt, ob Krankheit etwas mit falscher Ernährung zu tun habe. Dabei weisen seriöse Wissenschaftler schon lange nach, daß eine getreidelose Diät Patienten sofort zugänglicher machte. Ihre Gedankengänge waren nicht mehr so verwirrt. Dohan F. Curtis, USA, schloß daraus, daß bei Schizophreniekranken die Ursache ihrer Krankheit in einer biochemischen Anomalie liege. Diese bringt ihre Gehirnchemie in Unordnung, jedesmal, wenn bestimmte Substanzen, z. B. aus Weizen, ins Blut gelangen.

Bei erwachsenen Schizophrenen findet man überdurchschnittlich häufig, daß sie in der Kindheit an Zöliakie gelitten haben. Auch das wird in der Regel nicht berücksichtigt.

Seit 1973 arbeitet man in Princeton, einem Forschungszentrum für psychisch Kranke daran, solche Krankheiten erfolgreich zu behandeln, indem man sie als Mangelkrankheiten des Gehirnstoffwechsels auffaßt.
Nach präzisen Stoffwechseluntersuchungen werden Ergänzungsprogramme entwickelt. Immer wieder fand man charakteristische Mängel im Spurenelementehaushalt. Wichtiges Untersuchungsinstrument ist ein Atom-Absorbtionsspektrometer. Die meisten deutschen Kliniken besitzen es nicht. Mehr als 10 000 Patienten wurden auf Mängel im Spurenelementehaushalt behandelt und besiegten ihre Krankheit.
Sie sehen also, es sind nicht "spinnerte Ärzte", die etwas herausgefunden haben, sondern viele Wissenschaftler auf der ganzen Welt befassen sich damit. Doch man will es einfach nicht zur Kenntnis nehmen. Ernährung darf einfach nichts mit Krankheit zu tun haben. Warum das so ist, werde ich noch genau erklären.
Eine Angehörige sagte: "Mein Mann kam auf die Psychiatrie und ich bin von früh sieben bis abends sieben Uhr bei ihm geblieben. Er bekam Elektroschocks und war in seiner Persönlichkeit völlig verändert. Es war barbarisch für ihn und für mich. Er wurde ein völlig fremder Mensch. Das erste Mal, beim ersten Schub, hatte ich noch Hoffnung, beim zweiten nicht mehr. Beim ersten Mal waren Entfremdungen da, beim zweiten Mal war es einfach nicht mehr zu ertragen".
Man hatte eine junge Frau per Diagnose zu einer Schizophreniekranken gestempelt, dabei hatte sie nur eine zu schwache Menstruation. Als diese normalisiert worden war, wurde sie völlig klar und berichtete, daß es ihr vorkomme, als habe man einen Schleier von ihrem Gesicht genommen.
Es gibt Fälle, in denen die Lösung einfach wäre, wenn man den richtigen Weg suchen würde.

Sollte es vielleicht auch bei Ihrer Angehörigen der Fall sein, daß sie z. B. eine sehr schwache Periode hat, dann lassen Sie ein Dauersitzbad mit einem Kräuterabsud machen (Frauenmantel).
Vermeiden Sie Medikamente gegen die Angst. Tranquilizer vor allen Dingen! Ihre Wirksamkeit wurde *nie* durch kontrollierte Untersuchungen nachgewiesen.
Diese Medikamente haben keinen Einfluß auf die echte depressive Symptomatik. Sie werden als "Glückspillen" betrachtet. Bei Kindern und auch bei älteren Menschen sollten sie überhaupt nicht eingesetzt werden. Leider sieht es aber ganz anders aus. Ärzte verschreiben sie zu gern. Dadurch werden die Patienten bald medikamentenabhängig. Ich werde darauf noch ausführlich zu sprechen kommen.
Denken Sie auch daran, daß Mangel an Zink und Mangan zu einem erheblichen Übergewicht führt. Bei Mangel an Kupfer und Eisen entsteht eine Entgleisung des Enzymstoffwechsels. Als Folge kann eine Übererregung des Gehirns und die Ausbildung einer Schizophrenie auftreten. Ursache ist eine Stoffwechselstörung im Gehirn. Sie sehen also jetzt schon ganz deutlich, egal welche Bücher man aufschlägt, es springt uns das Wissen über einen gestörten Stoffwechsel entgegen.
Bevor ich dieses Kapitel schließe, möchte ich Ihnen einen Bericht aus der Schweiz nicht vorenthalten. Ich erhielt den Brief am 6. 4. 89. Mir zeigt er ganz deutlich, daß man gar nicht daran denkt, der wirklichen Erkrankung auf den Grund zu gehen. Man macht also flott weiter, doch lesen Sie selbst:

"Liebe Frau Friebel!

Leider bekam ich erst vor kurzem Ihr Büchlein "Essen Sie gern Tapetenkleister" von einer Zahnärztin in die Hand gedrückt. Ich besorgte mir dann sofort "Ich habe Krebs! - Na und?" und "Ärzte sind nicht allwissend". Da dieses Buch schon vor vielen Jahren geschrieben wurde, erkundigte ich mich noch nach "Versuchskarnikkel".
Sicher sind Sie eine sehr beanspruchte Person und selbst wenn dieser Brief nicht gelesen würde, ist es mir eine Erleichterung, dies von der Seele zu schreiben. Mein Mann ist das Opfer der Chemie geworden. Mein Mann ist 45 Jahre jung und ist vor vier Jahren von einem Arzt durch eine Überdosis zum *Vollinvaliden* gespritzt worden. Mein Mann hatte in der Pubertät Schwierigkeiten mit den Drüsen. Ein Arzt, welcher sich wirklich Mühe gab, wollte ihm helfen. Leider starb dann der Arzt bevor er nur etwas herausgefunden hatte. Von da an, also grob vor *30 Jahren,* wurde mein Mann als nervenkrank bezeichnet. Mit den Jahren hieß es dann Schizophrenie und andere schreckliche Namen mehr.
Als ich dann vor 20 Jahren meinen Mann kennenlernte, suchten wir wirklich jedes Jahr statt Ferien neue Ärzte auf. Etwas in mir sagte einfach, es sei keine Nervenkrankheit. Die angeblichen Schübe kamen meistens zwei Mal jährlich im Frühling und Herbst. So ging es also immer weiter, jedesmal wurde er in den verschiedenen Kliniken, denn auch diese wechselten wir, mit *Medikamenten vollgestopft.* Sobald der Schub vorbei war (ca. 4 – 7 Wochen) kam mein Mann heim und nach Absetzen der Medikamente konnte er dann wieder arbeiten. Er war beim Arbeitgeber sehr beliebt und galt als exakt und zuverlässig und war schon viele Jahre im gleichen Betrieb. Auch wir bemühten uns um eine Klinik, welche

die Seele mit Gespräch oder einer sonstigen Therapie behandeln würde, statt den Menschen mit Gift vollzustopfen und *willensunfähig* zu machen, aber umsonst. Einmal machte ein Arzt, Psychiater, den Vorschlag, gemeinsam zur Gesprächstherapie zu kommen. Sofort willigte ich ein, aber leider wurde aus der Therapie nur ein einziges kurzes Gespräch, denn ich stellte zu viele und vor allem zu unangenehme Fragen, daß der Arzt geradeheraus sagte: "Frau L., es ist nicht mehr nötig, daß Sie kommen". Dies vor ca. 15 Jahren. Vor 16 Jahren haben wir geheiratet. Vor 4 Jahren kam wieder so ein angeblicher Schub. Ich bemerkte es immer vorzeitig. Wochen vorher wechselte mein Mann seine Farbe von rot zu ganz blaß, sah plötzlich verfallen aus, atmete schwerer, schlechter Mundgeruch, große Müdigkeit. All das war sonst nie der Fall. Laut Arzt sah ich schwarz, mit den Jahren stellte der Hausarzt dann fest, daß ich immer recht hatte. Er konnte aber nichts machen, außer abwarten bis es wirklich sich psychisch auswirkte und dann eben immer wieder mit *neuen Medikamenten zu experimentieren.* Als ich sah, daß man meinen Mann in den Kliniken langsam zum Wrack machte, gab ich meine Berufstätigkeit auf und, da ich Glück hatte, daß der Hausarzt nach Hause kam, betreute ich meinen Mann immer zu Hause. 1978 zum letzten Mal in der Klinik. Einmal hatte er in O. soviel *Nozinan* bekommen, daß er die Überschriften der Zeitung nicht mehr sah. Er erschrak so sehr, daß ich ihn mit großer List aus dem Krankenhaus holte.

Im Oktober 1985 kam dann wieder so ein angeblicher Schub. Der Hausarzt war abwesend und dann ging er eben zu einem anderen, der gab ihm eine Valiumspritze und verwies ihn an einen Psychiater Dr. H., ehemaliger Chefarzt der Klinik St. U. Ich sah schwarz und bat meinen Mann, diesen Schritt nicht zu tun, denn gerade der war es, der vor ca. 12 Jahren meinem Mann *gegen unseren Willen Elektroschocks* verabreichte . Ein Rükkenwirbel wurde dabei verstaucht und das Resultat war, daß mein Mann *deswegen* 6 Monate nicht mehr arbeiten konnte. Wir bekamen allerdings während dieser Zeit eine Rente von ein paar hundert Franken, aber das war kein Trost, sondern für mich fast eine Beleidigung. Doch der vertretende Arzt konnte meinen Mann überzeugen, er wäre da in besten Händen.

Als er heimkam, legte er sich in der Stube auf die Couch nieder. Unmittelbar danach begann sein rechtes Bein, später auch Arm, (noch später erschlaffte sogar die Muskulatur des Mundes) stark auszuschlagen. So stark, daß ich erschrak und mich ans Telefon stürzte. "Herr Dr. was haben Sie meinem Mann gespritzt, der zuckt und zittert so stark, daß er fast aus dem Bett fällt?" Antwort: "Oh seien Sie nur ruhig, ich habe ihm eine rechte Portion gegeben, so muß er dafür mindestens 3 Wochen nicht mehr kommen". "Herr Dr. ich glaube die Portion war zu groß". Es stellte sich dann heraus, daß der Arzt ca. nach Gewicht gespritzt hat. Er fragte meinen Mann gar nicht, wie schwer er wäre und gab selber am Telefon zu, ein bißchen zuviel gespritzt zu haben. "Aber seien Sie beruhigt" sagte der Arzt, "in ca. spätestens 3 Wochen bauen sich diese Zuckungen ab." Mein Mann trinkt, seit ich ihn kenne, viele und verschiedene Tees. Jeden Tag 1 – 2 Liter. Seine Getränke sind und waren schon immer viel Tee, Mineralwasser nature und Milch. Das Buch von Maria Treben besitzen wir schon lange. Wir versuchten also das Gift auszuschwemmen, aber vergebens. Nach drei Wochen hieß es nochmals drei Wochen und nach einem Monat nochmals einen Monat. Die Zuckungen und Erschlafftheit des Körpers nahmen immer zu statt ab. Ans Arbeiten konnte mein Mann gar nicht mehr denken. Auch sein Hobby, Bauern-Malerei,

war ein Ding der Unmöglichkeit geworden. Ich darf nicht vergessen zu erwähnen,daß die Spritze aus *Clopicol, Phrenergan und Haldol,* gemischt war, doch wie viel genau, konnte ich nicht erfahren. Auch hatte der Arzt, welcher meinen Mann an den Psychiater verwies, nicht erwähnt, daß er bereits *Valium* gespritzt hatte. Je mehr Valium man meinem Mann spritzt, umso *erregter, ja fast aggressiv wird er.* Es dauerte sehr lange, bis man ihm das abnahm.
Als es nach einem halben Jahr immer schlimmer wurde, wurden wir an einen Neurologen verwiesen. Leider weiß ich die Namen der Medikamente nicht mehr, doch alles nützte nichts. Es wurde mit Wucht schlimmer, denn die Spritze *raubte Sauerstoff* weg und so starben Hirnzellen des vegetativen Nervensystems ab. Dadurch wurden wir an einen Professor Dr. S. in Zürich verwiesen. Vier Monate warten. Nach fünf Minuten waren wir wieder auf der Straße mit einem neuen Medikament, welches angeblich noch gar nicht im Handel sei. Der gute Professor sagte geradeheraus, wenn das nicht hilft, kann ich auch nichts tun, aber vielleicht regt dieses Medikament neue Hirnzellen an, welche die Funktion der abgestorbenen übernehmen.
Da mein Mann nicht darauf reagierte, wurde die Dosis auch hier immer wieder erhöht. So ging das mehr als ein Jahr ohne jegliche Besserung. Im Gegenteil, es wurde zusehends schlimmer. Als man dann meinen Mann ein Jahr lang ohne Unterbruch mit Gegengiften vollgepumpt hatte, fragte ich den Hausarzt, ob man nicht vielleicht mal Wasser und Blut kontrollieren sollte, nach solch langen Medi-Einnahmen. "Oh nein, das sind alles unschädliche Medi, aber wenn Sie darauf bestehen, kann ich das schon machen". Zwei Tage später kam der Bericht. Medikamente sofort absetzen und am besten gar keine Medikamente einnehmen, die Leber und die

Nieren wären angegriffen. Also doch nicht soo unschädlich, Herr Doktor? Mein Mann trank Tee und nochmals Tee und binnen drei Monaten waren Leber und Nieren wieder intakt. Mein Mann war nun soweit, daß er nicht mehr laufen konnte, nicht mehr sitzen konnte, sondern nur noch gekrümmt auf dem Boden oder im Bett sich herumwälzen konnte.
Im Februar 88 hörte ich von einem Dr. V. in Erlangen, der auf Naturheilbasis halbe Wunder vollbrächte. Es sei eine sehr teure Sache, aber er könne sicher helfen. Dr. V. sagte: "Ihr Mann ist nicht schizophren, er ist toxisch belastet. Er müsse zuerst eine Entgiftung vornehmen. Also, ich lernte spritzen, und vieles mehr und, da ich wollte, schaffte ich es auch. Nach der Entgiftung kam der Aufbau, aber nichts keimte, man sollte eigentlich nach 6 – 7 Monaten eine Besserung erkennen, aber das war leider nicht der Fall, es wurde zusehends schlimmer. Da mein Mann auf nichts reagierte, sagte Dr. V.: "Das Amalgam im Munde muß raus". Also ging der Kampf weiter. Da mein Mann so zuckte, war eine Behandlung beim Zahnarzt ohne Sedierung nicht möglich. Also hieß es auf einmal unter Narkose. Kein Arzt wollte das Risiko auf sich nehmen, meinem Mann eine Narkose zu geben. So versuchte man es mit einem schnell wirkenden, kurzanhaltenden Schlafmittel. Also erhielt er Noctamid. 2 – 3 Tabletten würden sicher reichen, um 1 – 2 Stunden auf dem Zahnarztstuhl auszuhalten. Da fielen mir die Augen fast aus dem Kopf, denn mit drei Tabletten wurde mein Mann nicht etwa schläfrig, sondern konnte sitzen und sogar einige hundert Meter laufen. Ihm kam es vor wie ein Wunder, und schon waren wir wieder beim Gift angelangt, nachdem er mehr als ein Jahr nur Naturheilmittel geschluckt hatte. Die 20 Amalgam–Plomben wurden in fünf Behandlungen entfernt. Also hofften wir weiter. Mein Mann kam ohne

Noctamid nicht mehr aus, der psychische Zustand verschlechterte sich ganz plötzlich, und ich hatte im wahrsten Sinne des Wortes Angst, es würde ihn total durchdrehen. Im Nachhinein erfuhr ich dann, das sei so, wir hätten halt so eine Sanierung nie machen dürfen, und wenn doch, nur in großen Abständen.
Da Dr. V. auch nicht vorwärts kam, verwies er uns an eine Naturheilärztin Dr. A. in O., die wollte von einem Blutforscher ein Blutbild. Dieses Blutbild fiel dann nicht gut aus. Mein Mann habe lebende Pilze im Blut, die sich vermehren. Er sagte, es sei schon in einem fortgeschrittenen Stadium, er versuchte es mit Pflanzenmitteln, die ich spritzte, aber er hat geradeheraus gesagt, es nütze ziemlich sicher nichts.
Das Schlußresultat ist, daß mein Mann so stark zuckt und zittert, daß er immer mehr Beruhigungsmittel braucht und zwar *nicht wegen der Psyche,* sondern um den Körper einigermaßen am Boden liegend im Griff zu halten. Die Dosis wird von Monat zu Monat immer höher und er immer immuner. Zur Zeit sind es 8 x 3 mg Lexotanil + 1 Noctamid und dies nicht zum Schlafen, sondern um den Tag über die Runden zu bringen.
Auch Frau Dr. A. wie Dr. H. haben bestätigt, daß man meinem Mann vor *30 Jahren* hätte helfen können, wäre man auf die Idee gekommen, das Blut zu untersuchen, statt ihn zum Nervenkranken zu stempeln. Ich habe heute von Fachärzten den Beweis, daß das nie ein Psychiatriefall gewesen wäre, hätte man nie einen daraus gemacht. 30 Jahre falsche Behandlung und dann eine Überdosis haben gereicht, meinen Mann total kaputt zu machen. Wie es weiter geht, wissen wir nicht.
Ich staune, mit welcher Geduld und Kraft mein Mann dieses Schicksal trägt. Ich gebe mir große Mühe, kleine Freuden ausfindig zu machen, um ihn täglich zu erheitern. Denn weder lesen noch spazieren, ja nicht einmal

an einem Tisch essen kann er. Er, der ein sehr belesener Mensch ist und sich für soviel interessierte, weiß jetzt kaum, mit was den langen Tag um die Runde zu bringen.

Liebe Frau Friebel, falls Sie diesen Brief lesen, verzeihen Sie die laienhaften Ausdrücke, denn je mehr daß ich schrieb, je aufgeregter wurde ich, glauben Sie mir, ich habe lange, lange nicht alles geschildert. (Wenig später erhielt ich einen zweiten erschütternden Bericht).

MANISCH DEPRESSIVE PSYCHOSEN

Bei der Schizophrenie hat es sich schon ganz deutlich abgezeichnet, daß wir einen "organischen Defekt" das heißt, eine Stoffwechselstörung haben müssen um überhaupt schizophren zu werden. Wie steht es jetzt aber bei den manisch depressiven Krankheitsformen? Eine Freundin von mir hatte einen Sohn, der über zwanzig Jahre lang auf diese Diagnose hin behandelt wurde. Ich habe also über viele Jahre miterlebt, wie man ihn langsam durch Medikamente immer kränker machte.
Die Einsicht, daß man auch diese Erkrankung anders behandeln muß, ist von den Angehörigen dieser Kranken oft schwer zu bekommen. Sie glauben an Ärzte und haben außerdem vor langer Zeit die Verantwortung für ihre Kranken an diese abgegeben.
In einschlägiger Literatur fand ich dann auch sogleich den Hinweis, daß diese Krankheit mit *verschiedenen Mangelerscheinungen einhergeht.* In einem Buch konnte ich dann sogar lesen, daß man es früher sogar für vornehm hielt, depressiv zu sein. Andere wiederum glauben fest daran, um gut zu sein, müsse man leiden! Das stimmt natürlich nicht. Gott schickt auch keine Krankheit als Strafe.
Bei vielen manisch Kranken hat man einen hohen Kupferspiegel nachweisen können. Bei anderen Kranken wieder einen Vitamin C-Mangel. Diese beiden Werte hängen eng miteinander zusammen. Steigt nämlich der Kupferspiegel in unserem Körper, wird das Vitamin C zerstört. Wir brauchen aber unbedingt Vitamin C. Es ist für unseren Organismus lebenswichtig. Wieso das so ist, werde ich in einem gesonderten Kapitel ausführlich beschreiben. Bei anderen Patienten sind die Mineralwerte für Zink, Mangan und Kalzium nicht in Ordnung.

Auf all diese Dinge wurde bei dem Sohn meiner Freundin nie geachtet. Leider ist er vor ein paar Jahren gestorben. Ich kann ihm also nicht mehr helfen.
Die drei Spurenelemete Zink, Mangan und Kalzium sind auch gut gegen Allergien. Es ist dringend angeraten, diesen Kranken eine eiweißarme Kost zu geben. Hält sich der Patient an sein Ernährungsschema, lassen sich im allgemeinen Depressionen und Zwangsvorstellungen beherrschen. Das ergaben Langzeitstudien, die man vor allen Dingen in den USA durchgeführt hat.
Leider fing man 1970 damit an, jenen Patienten eine Lithium-Therapie zu verabreichen. Sie soll bei der manischen Phase helfen. Man spricht hier von einem Idealmittel bei akuter und chronischer Manie. Wir werden noch erfahren, ob es wirklich ein "ideales Mittel" ist.
Überdenken Sie immer wieder, daß der Gesamtorganismus in Ordnung gebracht werden muß. Beim Gesunden entstehen dann erst gar keine Krankheiten und bei Kranken ist es lebenswichtig. Besonders der Eisenspiegel kann bei diesen Kranken sehr hoch liegen. Wenn der Eisenhaushalt im Körper nicht stimmt, sollte erst eine dreimonatige Zinktherapie zusammen mit Vitamin C der Eisengabe vorausgehen! Also zuerst eine Zinktherapie vornehmen, dann eine Eisentherapie anfangen. Es ist also eine Wissenschaft für sich. Man soll vorher eine Haar- und Blut-Analyse anfordern, und einen guten Arzt damit beauftragen, die richtige Diät aufzustellen.
In einem anderen Buch lese ich dann, daß viele Depressive vorher eine Sucht nach Süßigkeiten oder Schokolade hatten. Süßigkeiten bedeuten bei uns Menschen ja Ersatz für Liebe. Man wurde nicht geliebt, also suchte man sich einen Ersatz. Wissenschaftler haben herausgefunden, daß Kakao die Leber "verklebt". Damit

geht also dann der ganze Kreislauf los und steigert sich letztendlich in eine Nervenerkrankung.
Ich erhielt auch Bücher, die über die angeblich wundervolle Lithium-Behandlung einige andere Dinge schreiben. Unter anderem durfte ich folgendes lesen: "Die angebliche Prophylaxe gegen affektive Psychosen oder Manie mit Lithium führt zu einem seelisch-geistigen Abbau, zur Verblödung."
Hat man das bei der Aufklärung vergessen zu sagen? Und da wundern Sie sich noch, daß Ihr Angehöriger nicht gesund wird? Die Schulmedizin spricht von einem Weiterschreiten der Krankheit, verschweigt, daß sie kräftig mithilft statt mitzuheilen.
Antidepressiva unterdrücken nur die Symptome der Depression und erzeugen qualvolle Zustände. Wörtlich heißt es: "Die Schäden sind sehr groß und im Endergebnis die Nutzlosigkeit dieser Medikamente immer offenkundiger. Neuroleptika sind Gehirngifte, die absichtlich so hoch dosiert werden, daß Hirnkrankheiten erzeugt werden."
Ich mag über diesen Ausspruch im Augenblick gar nicht weiterdenken! Sollte man sich vielleicht absichtlich "Pillenkonsumenten" heranzüchten wollen? (Quelle: Carl C. Pfeiffer).
"In den USA besteht seit Jahrzehnten eine Richtung in der Medizin, die klinische Ökologie, die nachgewiesen hat, daß allgemein verbreitete, meist psychosomatisch etikettierte Leiden wie Migräne, Depression oder Verdauungsbeschwerden durch Allergie gegen Nahrungsmittel oder Umweltchemikalien ausgelöst werden können. Die "normale" Schulmedizin hat für diese Patienten meist keine ursächliche Therapie."
Wenn man sich den obigen Abschnitt noch einmal durchliest, weiß man vielleicht auch, warum sie nichts tun will?!

Bei nur fünftägiger Fastenkur fanden die Ärzte schon sehr gute Ansätze!
Depression hängt im allgemeinen mit Leberschäden zusammen! Lebererkrankungen bedeuten seelisch aufgestaute Aggressionen. Eine gesunde Leber erzeugt bei einem Krebskranken sogar körpereigene Zytostatika. Toll was?
1945 fand Dr. Juri Nikolajew schon heraus: "Durch die heilende Macht des Fastens und anschließend richtige Diät, konnten über 10 000 Fälle, also 65 % der Patienten, die Klinik als Gesunde verlassen. Anderen konnte er noch eine große Hilfe damit bringen. Sie waren nach 6 Jahren noch gesund geblieben. Sie mußten nur die richtige Diät einhalten.
Auch bei diesen Patienten hat man beobachtet, daß Singen von Liedern eine besonders gute Wirkung auf sie hatte. Man bekommt sehr viel Sauerstoff in den Körper. Diesen brauchen die Zellen, um richtig zu arbeiten. In gehemmter und seelischer Verfassung sprechen depressive Menschen meist leise und unsicher und können nur schwer in Worte kleiden, was sie sagen möchten. Deswegen ist Singen so wichtig, es befreit und macht die Lungen gesund.
Zur Behandlung depressiver Zustände empfiehlt Rouest das Öl von Zitrusfrüchten, Sandelholz, Jasmin, Basilikum, Pfefferminze und Nelken. Also viele Kräuter wirken heilend auf diesen Zustand. Die Natur ist hier noch immer der beste Arzt wie mir scheint.
Ein kranker Dickdarm zerstört das Gleichgewicht zwischen Körper und Seele. Wie wichtig ein normal funktionierender Dickdarm für das Leben eines jeden Menschen ist, habe ich in meinem Buch: "Ich habe Krebs und lebe noch immer", Untertitel: "Aufgeklärte Menschen leben länger", ausführlich beschrieben. Lesen Sie dort nach, was man als Laie alles tun kann, um den

Darm gesund zu erhalten, oder wieder gesund zu bekommen. Bedenken Sie stets: psychische Störungen verschiedener Art, Depressionen und Zwangsvorstellungen hängen mit Dickdarmvergiftungen und Lebererkrankungen zusammen.
Als sehr wichtige antidepressive Heilpflanze hat sich das Johanniskraut erwiesen. Es hilft bei gestörter Leberfunktion. Das habe ich selbst ausprobieren können, als ich schwerste Leberschäden hatte wegen der Chemotherapie. Also ich weiß ganz genau, wovon ich spreche.
Hafer hat sich bei Depressionen ausgezeichnet bewährt. Er macht lustig. Wie sagt der Volksmund so schön, wenn ein Pferd zuviel Hafer bekommt: "Ihn sticht der Hafer." Sollte man sich tatsächlich Fröhlichkeit anessen können? Man kann noch viel mehr mit der täglichen Nahrung bewirken. Auch darüber wird noch ausführlich berichtet.
Man hat gefunden, daß der Serotonin-Stoffwechsel für die echte, endogene Depression verantwortlich ist. Bei einer Doppelblind-Untersuchung stellte sich heraus, daß sich bei bestimmten Vitaminergänzungen bei mental gestörten Kindern der IQ um fünf bis neun Punkte erhöhte. Sie wurden also intelligenter.
Wenn man in Verbindung mit einer Depression an schlechtem Appetit oder Verstopfung leidet, glaubt man vielleicht, Magenkrebs zu haben. Seelische Mißempfindungen wie Ängstlichkeit, Antriebsarmut und allgemeine psychische Instabilität können durchaus lediglich Symptome einer Darmerkrankung sein.
Ist man manisch, ist der Appetit hervorragend. Darum ist es so wichtig, was diese Patienten dann zu sich nehmen. Es könnte vielleicht damit zusammenhängen, daß Hormonstörungen ab und zu Melancholien hervorrufen können. Melancholie oder Manie können auch durch Infektionskrankheiten und durch Hormonpräparate sowie

durch manche andere Medikamente ausgelöst werden. Denken Sie bitte an die Antibabypille und ihre Spätwirkungen.
Auch bei diesen Erkrankten hat man mit Schlafentzug gute Erfolgc erzielt.
Sämtliche Medikamente haben auch Nebenwirkungen, wie Mundtrockenheit, Schwindelanfälle, Schweißausbrüche, Leseschwierigkeiten. Es ist, als ob die Speichelproduktion fast vollständig eingestellt ist! Man hat Schwierigkeiten beim Sprechen und Schlucken der Speisen.
Besonders die Antidepressiva haben starke Nebenwirkungen in unterschiedlichem Maße. Sie beeinflussen die Nervenverbindungen zu den Augen, dem Darm und die Blase. Die Verstopfung des Darmes wird durch Antidepressiva noch verstärkt. Männer haben Schwierigkeiten beim Wasserlassen. Die Nebenwirkungen können unangenehm sein. Weitere Nebenwirkungen können sich am Herzen einstellen und in der Blutbildung.
Eine unbehandelte Melancholie hält etwa 1/2 Jahr an.
Vergessen Sie also nie, die antidepressiven Tabletten beseitigen nur die Symptome, aber nie die körperliche Funktionsstörung, die der Melancholie zugrundeliegt. Im Gegenteil, letztendlich wird sie durch den gestörten Darm von Mal zu Mal noch verstärkter auftreten. Die Antidepressiva zeigen auch darin ein großes Problem, daß der Blutdruck ansteigen kann. Es findet eine Verengung der Adern statt. Somit bleibt der ganze Dreck im Körper und wirkt sich dort verheerend aus.
Die Schulmedizin behauptet doch tatsächlich, daß Elektroschocks am wirksamsten wären. Auch darüber ein gesondertes Kapitel. Patienten haben an sich selbst beobachtet, daß bei vollständigem Schlafentzug die Melancholie stark abgeschwächt wird. Es ist leider bis

jetzt noch nicht wissenschaftlich nachgeprüft worden, warum es so ist.
Haloperidol wird sehr oft verabreicht. Unerwünschte Nebenwirkungen wie Muskelkrämpfe, innere Unruhe in den Beinen, Zittern der Hände, steifer Gang treten auf. Sie müssen dann Arzneien erhalten, die dem entgegenwirken. Haloperidol geht ja schon stark über die Leber. Das Gegenmittel macht die Leber noch ein wenig mehr kaputt. Also kann man bei der Schulmedizin gerade mit dieser Erkrankung keine Hilfe finden. Weil man aber weder als Patient noch als Angehöriger eine Ahnung hat und sich auch nicht aufklärt, ist man darauf angewiesen, mehr oder weniger blind den Ratschlägen des Arztes zu folgen.
Bei einer vorbeugenden Behandlung ist die Situation eine andere. Da ist eigener Einsatz notwendig.
Die Lithiumbehandlung verändert das Blut. Vergiftungen sind oft dadurch verursacht worden, daß Patient oder Arzt die Spielregeln nicht eingehalten haben. Es ist wirklich ein schlimmes Mittel. Lithium hat einen Einfluß auf viele Stoffwechselprozesse. Es beeinflußt sowohl die Nieren als auch das Durstzentrum im Gehirn. Doch die Niere ist am meisten betroffen, aber auch die Schilddrüse. Es ist deswegen so schlimm, weil die Schilddrüse den Stoffwechsel sozusagen "dirigiert".
Das Mittel Thyroxin erhöht das Risiko einer Herzerkrankung. Die Antibabypille bei Frauen kann zur Melancholie führen.
Manie und Depression kommen häufiger im Frühling und Herbst als im Sommer und Winter vor. Das ist gut zu wissen. Dann kann man sich schon vorher auf diese Erkrankung einstellen und seine Angehörigen erst richtig "bekochen".
Sobald eine Veränderung des Gehirnstoffwechsels stattfindet, kommt es zu einer depressiven oder einer

manischen Phase. Die Patienten haben Schwierigkeiten, ein Gefühl für sich selbst zu bekommen. Man muß nicht unbedingt mit Lithium behandelt werden. Echte Hilfe finden Sie unter Fasten, Ernährungsumstellung, Kräutern, Schlafentzug. Vergessen Sie also nie mehr: Antidepressiva können erneut manische Phasen auslösen. Das Mittel, das helfen soll, ist also sogar ein Mittel, das die Krankheit fördert.

Lithium kommt in der Natur weitverbreitet vor z. B. in sehr geringer Konzentration in Pflanzen und Tieren. 1818 fand der Chemiker Artwedson das Lithium. Lithiumverbindungen werden vielfältig in der Technik verwendet: In der Keramikindustrie, zur Reinigung von Schwimmbädern, bei der Aluminiumherstellung.

1950 setzte man es bei der Behandlung von Gichtkranken ein. Für diesen Zweck hat es sich als wirkungslos erwiesen. In dem folgenden Jahrzehnt versuchte man es als Stimulans, Beruhigungsmittel, bei der Zuckerkrankheit, bei Infektionskrankheiten, als Zusatz für Zahnpasten, auch Krebspatienten mußten dafür herhalten. Ein Wirksamkeit konnte niemals bewiesen werden. Daß die Schulmedizin jedesmal viele Tote hinter sich ließ, brauche ich wohl nicht zu erwähnen.

Im 2. Weltkrieg rieten Wissenschaftler sogar dazu, Lithium als Ersatz für normales Kochsalz bei Patienten wegen Nieren oder Herzerkrankungen zu verschreiben. Viele bekamen Vergiftungserscheinungen und nicht wenige sind auch dabei gestorben.

1947 - 1948 fanden Untersuchungen an Meerschweinchen statt. Daraus erwuchs dann die *Idee* bei psychiatrischen Patienten Lithium einzusetzen. Es bringt nur die Krankheit unter Kontrolle, erbringt aber nicht die Heilung. Zusatzbehandlung: Elektrokrampftherapie. Sie werden noch lachen, wie man dazu kam, sie anzuwenden.

Die Ursache der Erkrankung ist bis heute unbekannt, sagt die Schulmedizin. Sie schaut niemals nach, ob dem Körper vielleicht nur ein Spurenelement fehlt. Und so etwas wie den Darm und die Leber zu reinigen, darauf wird sie wohl auch in tausend Jahren noch nicht kommen. Sie nimmt es fröhlich in Kauf, daß selbst die Persönlichkeit durch Lithium verändert wird. Weil die Nieren damit ganz erheblich belastet werden, trocknet der Patient oft aus und bekommt dadurch starke Schmerzen. Das weiß ich von Krebskranken, wenn sie zu wenig Flüssigkeit behalten können. Die Art und Häufigkeit psychischer Nebenwirkungen von Lithium sind nicht restlos geklärt. Bei schweren Vergiftungen sind vor allem Gehirn und Nerven betroffen. Sie sehen also, das hält die Ärzte nicht davon ab, weiter damit zu arbeiten.

Weltweit sind 3 - 5 % der Bevölkerung an Depressionen erkrankt. Also ein hübsches Sümmchen von "Patientengut". Bei vielen Patienten hat man eine Reihe von organischen Beschwerden, durch chronische Leiden ausgelöst, feststellen können. Schlaf-, Beruhigungs- und Schmerzmittel können depressionanstoßend wirken. Die Menge der Frauen, die durch Psychopillen an der Psyche leiden, ist noch nie geschätzt worden. Die Depression begünstigt: Einsamkeit, Isolation, Angst, soziale Risiken, lieblose Beziehungen, verständnislose Partner. All das kann eine Depression auslösen. Immer häufiger wird der Zwang zu diesem weiblichen "Idealverhalten" mit als ein Ursprung von Teilnahmslosigkeit, Schwere und Trauer, Selbsthaß und Schuldgefühlen gesehen.

Die dauernde Einnahme von Benzodiazepinen (chemischer Stoff in Medikamenten) kann sogar depressionsunterhaltend wirken. Diese Ausführung ist im Fachblatt der Naturheilkunde nachzulesen.

Sie sehen also lieber Leser, eine verhängnisvolle Entwicklung bahnt sich an, wenn Sie jetzt nicht endlich aufwachen. Als Angehöriger haben Sie einfach die Pflicht, sich richtig zu informieren.
Imipraminderivate (chemischer Stoff) sind besonders dazu geeignet, eine depressive Stimmungslage wieder zu normalisieren. Dieser Effekt kann bei depressiven Patienten manchmal über das Ziel hinausschießen und einen Stimmungsumschwung herbeiführen, der entweder einfach in eine Euphorie, zuweilen aber auch in eine echte manische Erregung einmündet. Dieser Stimmungsumschwung ist häufiger bei Patienten zu beobachten, die bereits vorher an manischen Zuständen zu leiden hatten.
Nebenwirkungen: Selbstmordgefahr, Zittern der Hände und der Zunge, Krampfanfälle, Mundtrockenheit, Schweißausbrüche, Hitzewallungen, Leseschwierigkeiten sowie Verstopfung treten ein.
Die gleichzeitige Verabreichung von MAO Hemmern ist gefährlich. Starke Vergiftungserscheinungen treten auf, ja man berichtet sogar von tödlich verlaufenen Fällen. Die Leberfunktion wird ganz erheblich gestört, so daß man den Ärzten dringend rät, diese zu überwachen. Sie wissen, daß Schwerstschäden auftreten, werden angehalten sie zu beobachten. Also lebende Versuchskarnickel für die Chemie?
Solche akuten Vergiftungen mit Imipravinderivaten kommen leider recht häufig vor. Nicht nur die Leber wird durch die MAO-Hemmer erheblich gestört, sondern auch das Immunsystem, aber eben ganz besonders auch die Leber, welche für den Abbau der Giftstoffe im Körper verantwortlich ist. Es bleiben also Giftstoffe im Körper zurück.
MAO-Hemmer können starke Blutdruckschwankungen mit Ohnmachtsanfällen verursachen, außerdem Schlafstörungen und Erregungszustände herbeiführen. Da der

Stoffwechsel des Vitamin B6 beeinflußt wird, können dadurch Krampfanfälle entstehen. Drastisch verschlimmert sich der Zustand des Patienten, wenn zusätzlich noch andere Medikamente eingenommen werden. Medikamente mit Alkohol zusammen verursachen Kopfschmerzen, Übelkeit und rauschartige Zustände. Zu meiden sind auch Käse und Schokolade sowie Kaffee. Bei älteren Patienten mit zerebralen Gefäßschäden sowie bei Patienten mit Leberleiden ist größte Vorsicht am Platze. Die kurative antidepressive Wirkung von Lithium wird hingegen viel diskutiert und konnte nicht bewiesen werden. Nach der bisherigen Erfahrung kann Lithium nicht als Antidepressivum bezeichnet werden. Kombiniert man es mit Antidepressiva, so wird deren Wirkung nicht verstärkt. Es ermöglicht daher vielleicht nur, die eventuellen Stimmungsumschwünge bei einigen manisch depressiven Kranken zu vermeiden. Die möglichen weiteren Indikationen für Lithium müssen noch untersucht werden.

Vor einer Lithium-Behandlung muß auf jeden Fall eine klinische Untersuchung von Niere, Herz, Kreislauf und Schilddrüse durchgeführt werden.

Zu Beginn der Behandlung muß der Lithium-Blutspiegel alle zwei Tage bestimmt werden. Lithium kann zur Kropfbildung führen, sowie zu Verwirrungszuständen. Die Überdosierung ist sehr leicht möglich! Es sind furchtbare Folgen.

Sie sehen also lieber Leser, man weiß noch gar nicht alles darüber, und doch macht man weiter.

Im Grunde genommen sind es doch lukrative Patienten für den Arzt! Auf Dauer wohlgemerkt. Da kann man gut mit verdienen. Warum soll man sich auch mit so einer Lächerlichkeit wie Spurenelemente, Vitamine und Ernährung herumschlagen?

Ein *seriöser Arzt* glaubt nicht an solchen "Humbug", wie man mir neulich noch verächtlich klarzumachen versuchte. Oder aber, er weiß um die *Gefährlichkeit* einer richtigen Ernährung. Dann muß man sie erst recht verbieten!

SCHLACHTHAUSMETHODEN IN DER PSYCHIATRIE

Sehr schnell stieß ich immer wieder auf die Elektroschockbehandlung und wunderte mich auch schon ein wenig darüber. Als Laie konnte ich mir einfach nicht vorstellen, daß sie wirklich Heilung oder auch nur Linderung bringen sollte. Dann las ich in dem Buch "Der sanfte Schrei" von Mehler/Keppler folgendes darüber: "Als Erfinder der Elektroschocktherapie gilt der italienische Psychiatrieprofessor Ugo Cerletti. 1938, als der Faschismus in voller Blüte stand, wurde die psychiatrische neue "Wunderwaffe" erstmals eingesetzt. Nach Cerlettis eigenen Worten trug sich die Entdeckung und Entwicklung folgendermaßen zu: "Ich ging zum Schlachthaus, um mir das sogenannte elektrische Schlachten anzusehen, und ich beobachtete dabei, daß an den Schläfen der Schweine große Metallzangen befestigt und an einen Stromkreis angeschlossen wurden. Unmittelbar darauf fielen die Schweine bewußtlos um, versteiften sich und wurden ebenso wie die Hunde in unseren Experimenten von Krämpfen geschüttelt. Während sie bewußtlos waren, konnte sie der Schlachter ohne Schwierigkeiten abstechen und ausbluten lassen.
Zu diesem Zeitpunkt hatte ich das Gefühl, daß wir das Experiment auch am Menschen wagen konnten. Ich wies meine Assistenten an, nach einer geeigneten Versuchsperson Ausschau zu halten".
Als ich das las, war ich wirklich geschockt. Mein erster Gedanke war, warum ist er eigentlich zum Schlachthaus gegangen? Waren die Patienten in seiner Klinik nur noch "Vieh?" Ich mochte gar nicht weiter darüber nachdenken.
Obwohl schon *1942* einige angesehene Psychiater vor den hirnschädigenden Folgen warnten, wurden sie in der

Fachwelt enthusiastisch gefeiert. Einen wahren Boom erlebte die *hirnverbrennende* Therapie in den 50er Jahren. Heute wird sie in der Regel bei *nur* endogenen Depressionen und der Schizophrenie angewandt. Doch auch bei Patienten, die sich laut oder auffallend benehmen. Nachfolgende Störungen sind bekannt: Merk- und Gedächtnisstörungen, Kopfschmerzen und Schwindel, hochgradige Antriebsarmut, Stumpfheit, Störungen beim Studieren/Lernen, Verlust der Schließmuskelkontrolle für Darm und Blase, Appetitverlust.

1977 gab die parlamentarische Versammlung des Europarats in einer Empfehlung über die Lage der *Geisteskranken* nicht ohne Grund zu bedenken: "Viele von ihnen neigen dazu, die Hoffnung aufzugeben, jemals wieder gesund zu werden, oder sie möchten nicht mehr dieselben Leiden auf sich nehmen, die sie in psychiatrischen Anstalten erlebt haben und begehen Selbstmord."

Der große amerikanische Schriftsteller Ernest Hemingway litt unter Verfolgungswahn, sagten die Ärzte. Er wurde vom Geheimdienst der USA beschattet. Das hat man aber erst viele Jahre nach seinem Tode zugegeben. Er wurde auch der Elektroschockbehandlung zugeführt und beging bald darauf Selbstmord.

Werden Elektroschocks öfter wiederholt, stellen sich noch mehr Nebenwirkungen ein wie: Delirien, Desorientierung, Trugwahrnehmungen von Schlangen, Fröschen, Vögeln, Insekten usw., motorische Unruhe mit Fang- und Abwehrbewegungen, Bewegung des Fadenzupfens und Nestelns, gewaltsame Stützbewegungen gegen vermeintlich einstürzende Wände, motorische Bewegungen mit heftiger Angst.

Der Arzt wird Ihnen als Angehöriger sicherlich klarzumachen versuchen, daß dies einfach zum Krankheitsbild gehöre. Er klärt Sie also nicht richtig auf. Ihr Angehöriger wird erst in der Psychiatrie krank gemacht.

Natürlich ist man heutzutage so *human,* daß man nicht mehr von Elektroschockbehandlung spricht, sondern jetzt ist die Rede von "Heilkrampfbehandlung" oder "Durchflutungstherapie"! Die Folterart hat nur einen hübscheren Namen erhalten, das ist alles.
Was mich ganz tief geschockt hat, ist, als ich lesen mußte, daß sogar einige Einrichtungen der Kinder- und Jugendpsychiatrie damit arbeiten.
"Chronische Depressionen, die durch jahrelange, antidepressive Therapie quasi immun geworden sind. Bei diesen Patienten werden ein bis zwei Schocks durchgeführt, um das Gehirn wieder für chemische Stoffe empfindlich zu machen". Das ist die Aussage eines Arztes.
In dem Buch von F. Dorsch, Psychologisches Wörterbuch von 1982, kann sich also jeder Arzt davon überzeugen, wie gefährlich Elektroschocks sind. Dort steht unter anderem: "...führt zu extremen Entladungen der Nervenzellen, ähnlich wie bei der Epilepsie mit Bewußtlosigkeit und epileptischen Krämpfen. Amnesie unterschiedlicher Dauer ist die Folge. Wiederholte Anwendung führt zu dauerhaften Schädigungen des Gehirns und der Persönlichkeit. Trotzdem wird der Elektroschock auch heute noch angewandt, obwohl die *Wirksamkeit nicht belegt aber Dauerschäden vorhanden sind."*
In dem Buch von Th. Spoerri, "Kompendium der Psychiatrie", S. Karger Verlag, Basel, von 1973 wird ausführlich beschrieben, wie man vorzugehen hat, vor allen Dingen auch, wenn es zu einem sehr starken Muskelkrampf kommt. Dosierung ist auf 5 - 10 Schocks gesetzt, also zwei pro Woche und sie sprechen tatsächlich von Elektroschocks, die lebensrettend sind.
Vor ein paar Tagen lernte ich einen Krankenpfleger aus einer Psychiatrieklinik bei uns in der Nähe kennen. Meine erste Frage war sofort, ob man denn immer noch

Elektroschocks anwenden würde. Er bejahte dies, sagte aber: "Jetzt habe man aber ein Mittel, wo sie sich nicht mehr so verkrampfen können. Sie liegen ganz gelassen da, wenn sie den Elektroschock bekommen."
Meine Frage: Es wird doch das Gehirn geschädigt, ob er das wisse? Er gab darauf keine Antwort. Meine nächste Frage, ob er schon mal einen Patienten gesehen habe, der anschließend besser drauf sei, mußte er verneinen. Er ergänzte dann die Antwort mit dem Satz: "Sie sind dann aber viel besser zu verwahren. In der Regel ist dann ihr Wille gebrochen."
Gute Ärzte warnen davor und sagen: "Es wird aus einem bewußten, wachen, ethisch empfindsamen Menschen mehr und mehr ein ich-schwaches, in jeder Weise herabgemindertes Wesen, mit allen Anzeichen eines deutlichen Persönlichkeitsabbaus gemacht."
Prof. Dr. med Alfred Schroedter von der Havard Universität in Massachusetts sagte: "Psychiater, die bei Ihren Patienten Elektroschocks anwenden, begehen vorsätzlich schwere Körperverletzung und sind Verbrechern gleichzusetzen."
Ich möchte Ihnen wirklich ganz dringend das Buch "Der sanfte Schrei" ans Herz legen. Dort sind die Leiden der Psychiatrie aufgezeigt. Es ist im Heyne Verlag erschienen. Nur aufgeklärte Menschen können etwas verhindern.
So wie man jetzt auch in der Krebsbehandlung immer von Heilstrahlen spricht, wenn man eine Bestrahlung durchführen möchte. Das Landgericht Detmold entschied unter Az. 30 297/86 - Bestrahlung überflüssig - Ärzte amputierten Renate O. (48) wegen Krebs die rechte Brust. Sie ordneten Chemo- und Bestrahlungstherapie an. Folge: große Bestrahlungsnarben, schwarzer Rücken, Schmerzen. Ein Gutachter: "Die Therapie war überflüssig." Die Patientin klagte auf 150 000,- DM Schmer-

zensgeld. Das Landgericht Detmold: Kreis und drei Ärzte müssen zahlen.

ALKOHOLPROBLEME, ZÖLIAKIE, PARANOIA, MONGOLISMUS, AUTISMUS, HYPERAKTIVES KIND

Auf meiner Suche bin ich auf viele merkwürdige Hinweise gestoßen, die bestimmte Krankheitsfelder aus einer ganz anderen Sicht schildern und auch zu heilen versuchen.

Alkoholprobleme

Wieviele gibt es bei uns in Deutschland. Wieviele Entziehungskuren werden jährlich durchgeführt. Bis jetzt habe ich aber noch keinen Patienten angetroffen, der mir erzählt hat, daß man dort eine ganz bestimmte Diät einhalten müsse. Dabei hat man schon seit langem herausgefunden, daß die Alkoholiker an Histadelie (hoher Histaminspiegel im Blut) leiden. So ist also eine Kost ohne tierisches Eiweiß sehr wichtig für sie. Oft leiden sie auch an einer Nahrungsmittel-Überempfindlichkeit und diese kann Alkoholsucht auslösen, das heißt, gerade das Nahrungsmittel gegen das man allergisch ist, wird besonders häufig gegessen. Alkoholsucht ist eine spezifische Form einer Allergie gegen den Alkohol.
In einem anderen Buch las ich dann, daß Artischockenextrakt mithelfe, den Alkohol durch verstärkte Harnabsonderung schneller abzubauen. Diesen Saft kann man in Reformhäusern kaufen. Wichtig zu wissen für einen Alkoholkranken! Er besitzt auch Blutmangelzustände. Diese entstehen durch Mangel an Eisen und Vitamin B2. Auch Zinkmangel wurde bei ihnen immer wieder festgestellt.
Sind Sie Alkoholiker, fangen Sie doch einfach mal an, auf diese Dinge zu achten und es dürfte Ihnen entschieden leichter fallen, sich von der Sucht zu befreien.

Nicht nur Entziehungskuren sind wichtig, sondern die Vergiftung des Körpers durch falsche Ernährung muß aufgehoben, sowie Mangelschäden beseitigt werden. Wie das festzustellen ist, wird in einem gesonderten Kapitel beschrieben.

Zöliakie

Ich möchte nochmals betonen, ich habe nicht vor, hier bestimmte Krankheiten ausführlich zu beschreiben. Wer an ihr leidet, weiß bereits eine Menge darüber. Ich möchte nur niederschreiben, was ich in den Fachbüchern und Fachzeitschriften entdeckt habe, was also den Patienten nicht gesagt wird, weil die Mediziner sich nicht darüber informieren. Also alles Dinge, die jeder selber tun muß, wenn er seine Krankheit in den Griff kriegen will.
Hat Ihnen Ihr Arzt schon einmal gesagt, daß *Brot* Ursache einer verzögerten Sprachentwicklung sein kann, sowie Stimmungs- und Verhaltensstörungen bei Ihrem Kind davon herrühren können? Ihr Kind kann unter einer Weizen/ Roggenunverträglichkeit leiden. Bei der Zöliakie passiert die Nahrung unverdaut den Darmtrakt. Aber auch Schizophreniekranke sollten das nachprüfen lassen. Zöliakiepatienten sind sehr schlank. Stuhlentlehrungen erfolgen gehäuft und sind sehr weich. Es hängt mit der Unverträglichkeit von Weizen, Roggen, Gerste und Hafer zusammen. Vermeidet man also diese Produkte, kommt es zu verbesserter Verdauung und zu Gewichtszunahmen, sowie einem Nachlassen der Stimmungsschwankungen. Aber es können Wochen und Monate vergehen, bis eine durchgreifende Besserung einsetzt. Diese Kur sollte man wenigstens ein Jahr einhalten. Man hat ja auch viele Jahre *gesündigt.* Man muß also den Körper gründlich von den Getreiden befreien. Dennoch

wäre es durchaus möglich, daß der Körper in längeren Abständen (drei bis vier Wochen) eine Getreidemahlzeit verträgt. Gut verträglich sind bei Getreideunverträglichkeiten fast immer Buchweizen, Hirse, Vollreis, Mais und Soja.

Im zweiten Weltkrieg haben einige Kinderärzte diese Krankheit durch Ausschluß aller Getreideprodukte geheilt. Sie sehen also, immer wieder finden gute Ärzte den Grund einer Krankheit heraus. Aber weil es sich mal wieder mit der Umstellung der Ernährung allein bewerkstelligen läßt, belächelt die Schulmedizin dies. Obschon sie bemerken müßte, daß erwachsene Zöliakiekranke eine überdurchschnittlich hohe Rate schwerer Geisteskrankheiten aufweisen, macht sie weiter wie bisher und kümmert sich nicht um echte Hinweise aus den eigenen Reihen.

Vorteilhaft hat sich eine Reisdiät bewährt. Warme Sitzbäder sowie feuchtwarme Bauchwickel (keine Kräuter verwenden!) sind ebenfalls sehr gut. Kamillen- oder Zinnkrauttee wirken sich positiv auf diese Krankheit aus. Möhrensaft oder frische Möhren (aus biologischem Anbau) sind auch zu empfehlen.

Lassen Sie sich von einem guten Arzt oder Heilpraktiker austesten, was Sie essen dürfen und was nicht.

Paranoia

Bei Paranoia (Verfolgungswahn, Größenwahn) habe ich auch wiederholt gefunden, daß die Patienten einen zu hohen Kupferwert im Blut aufweisen. Da diese Patienten zusätzlich einen Vitamin C-Mangel haben, steigt ihr Kupferwert.

Vitamin C aber ist hilfreich bei der Ausleitung erhöhter Metallkonzentrationen im Körper. Wird der Kupferwert verringert und der Vitaminhaushalt normalisiert, zeigen

sich sehr bald Besserungen von Paranoia und Halluzinationen.
In einem gesonderten Kapitel werde ich ausführlich über die Spurenelemente berichten. Dort können Sie dann auch nachlesen, welche Produkte Sie zu sich nehmen müssen, um Ihren Körperhaushalt in Ordnung zu halten.

Autismus

Jugendlicher Autismus spricht sehr gut auf Vitamin B6 und Zink an. (Für Ärzte die Information: Zink-Pyri-Liquidum zeigt sehr schnell eine Besserung im Verhalten und Sprechen an. Diese Lösung enthält 60 mg Vitamin B6 und 30 mg Zinkgluconat pro 100 ml. Morgens und abends 0,5 - 1 ml. Zusätzlich ausreichende Mengen an Magnesium und Vitamin C geben).
In einer Studie in Amsterdam wurde festgestellt, daß die Verabreichung von Vitamin B5 die Gedächtnisfunktion verbessern kann.
Ich kann mich also drehen und wenden wie ich will, egal welches Buch ich zur Hand nehme, egal über welche Erkrankung, immer wieder stoße ich auf Spurenelemente und falsche Ernährung. Es ist wirklich zum Weinen. Nur wer unter so einer Krankheit leidet, oder für die Angehörigen, die so einen Kranken haben, ist es traurig, wenn die Hilfe im eigenen Haus zu finden ist, sie es aber bis jetzt noch nicht gewußt haben.
Ich werde auch weitersuchen. Ich werde nie damit aufhören, und immer wenn ich wieder neue wichtige Dinge über eine Erkrankung erfahre, werde ich sie in einer Neuauflage bringen. Man muß endlich Schluß damit machen, daß man die Bevölkerung für dumm verkauft, eine Menge Pillenabhängige schafft und sonst gar nichts.

Mongolismus

Dann las ich eine Menge über Mongolismus und mir sträubten sich die Haare. Ich kenne ein paar solcher Kinder. Der erste Satz, der mir in die Augen knallte, war: Über alternative Heilmethoden wird nicht gesprochen.

Es gibt aber Therapien die im 3. Lebensmonat beginnen und wenn man sie durchhält, können diese Kinder meist eine normale Schule besuchen.

Es wird seit langem auch in Deutschland eine Therapie mit makromolekularen Organextrakten oder reinen Thymuspräparaten durchgeführt. Es ist ebenfalls sehr wichtig bei diesen Kindern, daß die Ernährung sofort umgestellt wird. Verdauungsstörungen, Stuhlverstopfung und Infekte kommen häufig bei diesen Kindern vor. Sie leiden an Blutarmut, Lymphknotenschwellungen und einer Hautallergie. Daran können Sie also schon ganz deutlich sehen, daß Ihr Kind bestimmte Produkte nicht verträgt.

Auch mit 13 Jahren hat man noch gute Erfolge erzielt. Diese Kinder dürfen niemals mit *Cortison* behandelt werden. Sie sind ja Zellblocker, sie machen Schäden an der Muskulatur und den Knochen. Der Thymus dagegen ist sehr wichtig. Darüber weiß die Schulmedizin auch fast nichts.

Es ist also wichtig, daß die Selbstheilungsvorgänge durch Zufuhr lebenswichtiger Organsubstanzen stattfindet. Sie bewirken eine Wiederherstellung und Erneuerung von geschädigten Zellen. Es treten dabei keine schädlichen Nebenwirkungen auf. Spurenelemente, Vitamine und kleine Mengen von Kalzium sind sehr wichtig. Sehr viel Rohgemüse ist sehr wichtig. Damit verringert sich auch sehr schnell die Infektanfälligkeit. Muskel- und Knochenschwäche können durch die Umstellung der Ernährung sehr positiv beeinflußt werden.

Vergessen Sie also nie mehr, sie haben eine Störung in Ihrem Enzymstoffwechsel.
Den Eltern wird in der Regel jede Hoffnung genommen. Man sagt ihnen schonungslos, daß es keine Behandlungsmethoden für diese Krankheit gäbe und sie sich mit dem Schicksal der Behinderung ihres Kindes abfinden müßten.
Die Ärzte nehmen von vornherein eine ablehnende Stellung ein. Ein Arzt, der nur Hoffnungslosigkeit verkündet, statt sich der vielen Möglichkeiten zu bedienen, ist nicht der richtige Berater und Helfer der Eltern.
Wenn Sie eine Familie kennen, in der Mongolismus vorkommt, dann machen Sie diese doch auf das wirklich wichtige Buch für diese Kranken aufmerksam, oder schenken Sie es ihnen doch einfach, und Sie helfen einem Kind damit das Leben erleichtern. Das Buch heißt: "Was können Ärzte und Eltern für das behinderte Kind tun?" von Dr. med. Trudel Pollmacher, Sommer Verlag, Teuningen.

Hyperaktives Kind

Welche Eltern schier verzweifeln und ganz besonders zu leiden haben, das sind die, die ein hyperaktives Kind haben. Hyperaktivität muß nicht sein.
Ganz wichtig zu wissen ist erst einmal, dem Kind seine oft erheblichen Schuldgefühle zu nehmen.
Dies hängt mit einer Unverträglichkeit von Phosphat zusammen. Eine richtige Kostumstellung macht aus diesen Kindern nette und liebenswerte Geschöpfe. Ohne Pillen! Fast kein Kinderarzt weiß darüber *wirklich* Bescheid. Also wird den Eltern erklärt, daß eine Ernährungsumstellung einfach kein Heilmittel sein kann. Es sei außerdem auch noch nicht wissenschaftlich nachgeprüft worden.

Auf einem meiner Vorträge über Krebs und Ernährung wurde ich von einem Arzt angegriffen, der mir sagte: "Wie konnten Sie nur Ihre Ernährung so gründlich umstellen. Es ist noch gar nicht wissenschaftlich nachgeprüft worden, Frau Friebel!" 450 Leute im *Saal* hörten zu. Meine Antwort: "Man hat mir seinerzeit gesagt, ich hätte nicht mehr lange zu leben, also konnte ich erst gar nicht abwarten, bis es wissenschaftlich nachgeprüft worden ist. Und außerdem, seit wann muß richtige Ernährung wissenschaftlich nachgeprüft werden? Ich lebe doch. Und das schon sechs Jahre danach!"

Also helfen Sie mit aufzuklären, und uns geht es auf Dauer allen viel besser. Der Chemie muß endlich das Handwerk gelegt werden. Dann läßt sie auch unsere Natur in Ruhe.

Im letzten Jahr wurden 180 000 Psychopharmakarezepte für Kinder von 1 - 5 Jahren verschrieben. Ist schon eine tolle Sache, was?

15 - 20% unserer Schulkinder sind hyperaktiv. Als Säuglinge sind sie auffällig. Doch später kommt es dann oft zu Tragödien. Die Selbstmordrate bei Kindern ist in den letzten Jahren um 600% gestiegen.

Vergessen Sie nie mehr diesen Satz: "In den letzten 10 Jahren hat die Psychiatrie ihre Einkommensquellen überwiegend auf unsere Kinder verlagert."

Heute befinden sich über 400% mehr Kinder in psychiatrischen Krankenhäusern. Und wie Sie schon lesen konnten, schreckt man auch dort nicht vor Elektroschocks zurück. 400% mehr Kinder als im Jahre 1980, eine stolze Leistung unseres Gesundheitswesens, nicht wahr?

"Ein Kind als geisteskrank zu bezeichnen ist natürlich eine Methode, das Kind für die durch den Lehrer verursachten Schwierigkeiten verantwortlich zu machen. Wenn ein Kind einmal eine "Diagnose" erhalten hat, liegt sein Schicksal nicht mehr länger in den Händen seiner Eltern. Wie ist es möglich, daß eine Krankheit, von der vor einigen Jahren noch niemand etwas gehört hat, durch unsere Schulen gefegt ist? Der wirkliche Trick besteht darin, die Eltern dazu zu gewinnen, die "Diagnose" einer "Geistesgestörtheit" zu akzeptieren. Demgegenüber wird Eltern oft erzählt, daß es eine reale, wissenschaftliche Grundlage für die Krankheit gäbe. Doch Kinder sollten nicht in chemische Zwangsjacken gesteckt werden."

Dessen ungeachtet erzeugen Lehrer und Psychologen bei den Eltern Schuldgefühle über irgendeinen "Schaden". Die Wahrheit ist: Psychiater geben zu, daß sie "nicht wissen, was Kinder dazu veranlaßt, so zu handeln, wie sie es tun."

Ich habe diesen Artikel so ausführlich gebracht, da in der Regel in der Schule Kinder zu schnell als hyperaktive Kinder abgestempelt werden. Wenn sie aus der Reihe tanzen, sind die Lehrer sofort bereit, den Schulpsychologen einzuschalten. Ich weiß das aus bitterer Erfahrung. Mein Sohn sollte ebenfalls so behandelt werden. Dabei war er nur wie gelähmt, als ich an Krebs erkrankte und langsam vor seinen Augen zerfiel. Meine Erklärungen nahm man einfach milde lächelnd entgegen. Ich weiß also wirklich, wie schwer es ist, wenn man sich als Eltern dagegenstellen muß! Wir haben es getan und sind sogar bis zum Schulrat vorgedrungen, nur damit unser Sohn ruhig seinen Schulbesuch fortsetzen konnte. Ein Psychologe schätzt, daß mindestens ein Drittel aller Schüler, die wegen Verhaltensstörungen in einer Nervenklinik landen, hochbegabt sind. Angeblich sollen 30 % der schulreifen Kinder krank sein. Der Zweck, Schulkindern Drogen zu geben um sie ruhiger zu machen, ist Kontrolle und nicht Therapie. Es sollte

niemanden wundern, wenn Kinder, die mit Pillen erzogen werden, später im Gefängnis landen.
Das Oberlandesgericht Celle stellte fest: "...daß Mediziner die Fehler, die in ihrem Fachgebiet anzutreffen sind, in ihrem eigenen Schrifttum wesentlich offener und objektiver beschreiben als in gutachtlichen Äußerungen."
Das konnte ich selbst immer wieder feststellen. Ich erhalte diese Fachbücher und -blätter jetzt haufenweise.
Denken sie also immer daran, Neuroleptika sind Gehirngifte, hochdosiert erzeugen sie Hirnkrankheit. Von Schulpsychiatern sehr gern empfohlen, ja fast begeistert, sprechen sie sich dafür aus. Eine ganz harmlose Ich-Schwäche wird sofort behandelt. Die Schäden daraus und entstehende Qualen verharmlosen sie als "neurotische oder depressive Verarbeitung der Medikation." 70 % der Schulpsychiater fordern und betreiben die Praktiken.
Die Medikamente zerstören nachweislich immer mehr Nervenzellen im Gehirn, woraus nach Jahren Schäden entstehen wie Zuckungen im Gesicht und Schleuderbewegungen der Arme und Beine. Viele Psychiater wissen übrigens gar nicht, daß man in der Veterinärmedizin genau dieselben Neuroleptika gegen widerspenstige, bösartige und aggressive Tiere zum Ruhigstellen nimmt! Gut was? Da kommt einem schon langsam die Galle hoch, wenn man so etwas in Fachzeitschriften lesen *darf*.
In der Zeitschrift "Fortschritt für alle", las ich den Satz: "Ich gerate in Zorn, wenn ich höre, daß man gesunde, fröhliche, quicklebendige Kinder als hyperaktiv bezeichnet, ihnen Lithium statt Liebe, Valium statt Verständnis gibt, anstatt ihre hypoaktiven Eltern auf Trab zu bringen." Die Zeitschrift weist darauf hin, daß man sich in Sachen Ernährung umsehen sollte.
Zucker ist Liebesersatz! Viele Chemikalien manifestieren sich häufig als Störung der Gehirnfunktionen. Prof. Ben-

jamin Feingold, San Francisco, fand heraus, daß viele Farb- und Konsistenzmittel in industriell hergestellten Lebensmitteln bei Kindern weitreichende Verhaltensstörungen auslösen. Er geht davon aus, daß nahezu 50% aller übernervösen und konzentrationsschwachen Kinder Opfer einer Vergiftung durch die mittlerweile über 3 000 Fremdstoffe in der Nahrung sind.

Daß gezielte Vitamin- und Mineralstoffgaben den Körper zur Ausscheidung toxischer Metalle bringen, darf einfach nicht bekannt werden.

"Darum war und ist die Industrie auch immer wieder bereit, gerade die psychiatrischen Anstalten mit Geldspenden zu unterstützen, insbesondere, da die Patienten dort als experimentelles Arbeitsfeld und für Arzneimittelversuche dienen."

Es ist doch wirklich erschütternd, wenn die Eltern dann erfahren, daß Nahrungsmittelüberempfindlichkeiten Suchtqualitäten auslösen können. Die moderne Medizin hat sich zur größten Bedrohung für die Gesundheit entwickelt. Nahezu 50% aller Patienten, die einen Arzt aufsuchen, erhalten keine klare Diagnose.

Fall Michael: "Hyperaktives Kind" hieß die Diagnose. Nach nur drei Tagen Diät ohne chemisch behandelte Nahrungsmittel und Getreideprodukte ging es ihm besser. Psychiater äußerten sich erstaunt über die Besserung, rümpften jedoch die Nase über die Idee, daß die Diät irgendetwas damit zu tun habe. Lassen Sie sich also niemals mehr verwirren! Denken Sie stets daran, daß vielfach die chemischen Zusätze dafür verantwortlich sind.

Psychiater haben bisher hartnäckig behauptet, das Geheimnis, wie Hyperaktivität entsteht, zu kennen, aber irgendwie ist es ihnen auch nicht gelungen, eine brauchbare Lösung anzubieten.

Lassen Sie sich also nicht in die Enge treiben, sollten Sie so ein Kind haben und dort Rat suchen. Denken Sie stets daran, studieren kann jeder. Man braucht dazu nur Abitur und ein wenig Zeit. Hören Sie auf Ihr Gefühl, auf Ihre innere Stimme. Vergessen Sie auch nicht, daß die Verfeinerung und Verfälschung der Nahrungsmittel durch chemische Zusätze ungeheuer zugenommen hat. 10 % aller Menschen sind schon davon betroffen, daß sich bei ihnen Krankheiten verschiedenster Art einstellen, durch eben diese chemischen Stoffe. 80 % männlich und 20 % weiblich. Diese prozentuale Aufteilung liegt wohl daran, daß der Mann doch nicht das *starke* Geschlecht ist?
Beim Säugling fängt die Hyperaktivität mit starker Unruhe, häufigem Schreien, schlechtem Einschlafen, Ernährungsschwierigkeiten, Berührungsängsten, Ablehnung von Zärtlichkeiten an. Wissen Sie eigentlich, daß in der Babynahrung Geschmacksverstärker enthalten sind? Daß sie deswegen immer nur ein bestimmtes Produkt wollen und immer mehr Hunger als normale Kinder haben? Diese Kinder können in der Regel auch nicht richtig spielen. Sie müssen einfach alles zerstören. Der Bewegungsdrang wird immer stärker. Sie müssen wohl unter einer schreckhaften Unruhe in sich leiden. Außerdem sind sie auch sehr ungeschickt. Deswegen fallen sie auch im Kindergarten sofort negativ auf. Sie lassen sich auch nicht einordnen. Bekommen schnell Wutanfälle, wenn man sie nicht genug beachtet. In der Schule können sie sich nur schwer konzentrieren. Sie sind aber dennoch sehr intelligent. In der Regel haben sie auch keine Freunde. So wird das Kind immer depressiver, es nimmt ja immer die krankmachenden Lebensmittel zu sich, ohne daß es weiß, woran es liegt. Was ganz schlimm ist, sie merken einfach nicht im Leben, daß sie ausgenutzt werden. Darum fallen sie oft in die Krimina-

lität ab. Ihnen fehlt alles, was mit der Endsilbe "-sicht" ausgedrückt wird: Vorsicht, Einsicht, Übersicht, Nachsicht, Rücksicht.
Dies alles hat Herta Hafer herausgefunden, eine Frau, die selbst so ein Kind hat.
Werden sie erwachsen, sind sie meist mürrisch mit Neigung zu *Depressionen,* haben häufig Kopfschmerzen, vermehrte Osteoporose als Frauen. 1922 schrieb Rudolf Steiner schon, daß zuviel Phosphor die Krankheit auslöst. Diese Menschen wollen nicht angerührt werden, signalisieren aber zugleich: Lieb mich! Daraus entstehen dann später die unzärtlichen, abwehrenden und steifen Männer. Sie jammern, wie wenig Zärtlichkeit sie bekommen, und sie vermissen sie ganz furchtbar. Sie selbst können sie aber weder geben noch ertragen.
Man hat sogar bei einer Doppelblinduntersuchung herausgefunden, daß Vitaminergänzung bei mental gestörten Kindern den IQ um fünf bis neun Punkte erhöhen kann. Sie sehen also, mit richtiger Ernährung kann man bei Kindern zur Entwicklung ihrer Intelligenz beitragen.
Das ist immerhin billiger als Nachhilfestunden. Man muß nur wissen wie!. Richtige Ernährung ist eine kleine Wissenschaft für sich. Jeder kann sie erlernen. Man muß es nur wollen.
Zum Beispiel habe ich erfahren, daß Vitamin B5 eine gute Wirkung auf Kinder mit Lesestörungen hat. Auch eine gute Wirkung auf das Kurzzeitgedächtnis. Es ist eine große Studie darüber in Amsterdam gemacht worden. In der Regel ist bei Lesestörungen der Spurenelementehaushalt beträchtlich gestört. Lassen Sie also den Zink-, Chrom-, Selen- und Eisenhaushalt überprüfen. Allein bei einer Zinkstörung kann es schon zu *Wutausbrüchen* und Lernproblemen kommen. Aber auch Störungen durch Quecksilber, Kadmium sowie Blei wir-

ken sich sehr negativ auf das Befinden des Kindes aus. Solche Störungen lassen sich sogar im Urin feststellen. Die Schulmedizin setzt aber in solchen Fällen in der Regel *Ritalin* ein. In vielen Fällen kann man es aber durch hohe Dosen Vitamin B6 ersetzen. Wie schrecklich Ritalin sich auf die Kindergemüter auswirkt, werde ich noch schildern.

Als Krebspatientin habe ich feststellen dürfen, daß die Krankenkassen immer offener für die Naturmedizin werden. Schließlich leben die Krankenkassen von unseren Beiträgen. Also immer wieder höflich einen Antrag stellen. Auch dort spricht es sich langsam herum, daß die Naturmedizin auf lange Sicht gesehen viel billiger ist.

Bei Thyroxin–Überproduktion (Haupthormon der Schilddrüse) rennt man herum und kann einfach nicht stillsitzen. Diese Kinder scheinen eine grenzenlose Menge an Energie zu verbrauchen und werden dabei immer dünner und reizbarer. Da es sich dabei um ein Schilddrüsenhormon handelt, sind Algenbäder besonders gut geeignet. Sie enthalten Jod. Nur Erziehung hilft nicht, wenn man einen organischen Defekt hat und gar nicht anders handeln kann. Einige dieser Kinder haben auch einen hohen Kupferspiegel. Mit Cadmium verunreinigte Luft begünstigt ebenfalls die Hyperaktivität. Aber auch Neonlicht ist sehr schädlich und wirkt sich bei dieser Erkrankung negativ aus. Gelesen habe ich, daß eine Gabe von Niacin (B–Vitamin) und Vitamin C eine fast sofortige Besserung im *hyperaktiven* Gehirn bewirkt. Sämtliche Tranquilizer lösen eine neue Hyperaktivität bei Kindern aus. Durch Fasten von 24 Stunden kann man eine ganze Menge erreichen.

Wichtig zu wissen ist, daß das Gehirn von der ständigen Versorgung mit Glukose aus dem Blut am stärksten abhängig ist. Bei sinkendem Blutzuckerspiegel leidet das

Gehirn sofort. Es kommt zur Abgeschlagenheit und zum psychischen Chaos. In der Regel fehlen dann Kalium, Magnesium, Kalzium, Phosphat und Mangan, Zink und Chrom. Sie müssen auch wissen, daß die aufgenommene Nahrung durch Enzyme im Darm in verschiedene Substanzen zerlegt wird. Kurze Zeit nach dem Essen gelangt die im Darm gebildete Glukose in den Blutstrom. Darum kann auch ein Wutanfall ziemlich schnell nach dem Essen auftreten.

Zucker kann einfach nicht ohne Minerale gespeichert werden. Die nehmen wir ja nicht mehr in genügender Menge zu uns. Dafür hat die Chemie auch gründlich gesorgt.

Sicher haben Sie schon erfahren, daß über alternative Heilmethoden nicht gesprochen wird. Egal bei welcher Erkrankung, wenn Sie nicht zufällig einen Naturarzt gefunden haben. Also weiß man nichts von der falschen Nahrung, die man tagtäglich zu sich nimmt. So ist das Erleben des eigenen Versagens im Leben oder in der Schule von depressiven Störungen, Aggressionen und Schulangst geprägt. Man hält sich für minderwertig. Woher soll man denn auch wissen, daß es mit der Ernährung zusammenhängt. "Man durchlebt also eine kleine Hölle, und wenn wir nun den Schulpsychiatern sowohl auf den Mund als auch auf die Finger schauen, stellen wir mit Erschrecken fest, daß zwischen dem, was sie sagen, und dem was sie tun, eine tiefe Kluft besteht! Sie reden von Vorsorge, Fürsorge, Heilbehandlung und Nachsorge, zerstören aber in Wirklichkeit die Gehirne der Menschen, die ihnen wehrlos ausgeliefert sind, durch chirurgische, elektrische und chemische Methoden und verwandeln auf diese Weise ihre Patienten in körperliche, seelische und geistige Wracks - in lebende Leichname."

Diese Sätze wurden dem Buch "Befreiung aus den Fesseln der Psychiatrie" von Theo Rutan, Wearlandkreis, entnommen.

NERVEN GUT - ALLES GUT!

Sehr schnell habe ich begriffen, wenn ich starke Nerven habe, dann kann mir keiner was. Dann bin ich in Ordnung und ein fröhlicher Mensch. Vor allen Dingen lasse ich mich dann nicht leben, sondern ich lebe selbst. Also muß ich mir nur sehr viel Wissen über meine Nerven besorgen und danach leben. Meine Vermutung stimmte! Seit ich nicht mehr denken lasse, sondern selber denke, geht es mir ausgezeichnet und - ich lerne noch immer! Vor sechs Jahren hat man mir nämlich mitgeteilt, daß dem bald wohl nicht mehr so wäre und ich von dieser Welt scheiden müsse. Lernen Sie also endlich, sich nicht mehr auf das Urteil anderer zu stützen, sondern denken Sie selber nach. Holen Sie sich aus diesem Kapitel heraus, was für Sie ganz besonders wichtig ist und versuchen es umzusetzen. In kleinen Schritten! Denken Sie daran, daß tausend Kilometer Weg auch nur aus lauter kleinen Schritten bestehen. Zum Teil macht es sogar richtigen Spaß, sich selber zu erforschen. Man erkennt sich wieder und ist schon froh, wenn man weiß, daß auch andere Menschen Probleme mit ihren Nerven haben.

Was wir nämlich Bauch- oder Magenschmerzen nennen, sind immer Schmerzen der äußeren Gewebe und Nervenstränge. Beseitigen sie also rasch Ihre Verstopfung, so verschwindet auch Ihr Kopfweh und der Schwindel. Fast alle Nervenkranken leiden an Verstopfung. Aber auch Schwermütige werden von der Verstopfung befallen. Außerdem leiden sie unter einem gestörten Empfindungsvermögen sowie Ohrensausen. Kein Organ leidet so an Störungen und Giften wie die Nerven und das Gehirn, wenn wir unseren Darm nicht in Ordnung halten.

Die Nervenzentren haben einen regeren Stoffwechsel als Nervenstränge und Nervenenden. Man *schwächt also seine eigene Geisteskraft,* wenn man Verstopfung hat. Es ist auch so wichtig, daß sich gerade diese Kranken viel an frischer Luft aufhalten. Dadurch wird dem Blut mehr Sauerstoff zugeführt, der in wirksamer Weise hilft, die Gifte zu verbrennen und auszuscheiden. Dickdarmentzündungen werden in jedem Falle Gehirn und Nerven in Mitleidenschaft ziehen. Fäulniserregende Darmbakterien verursachen eine dauernde Beunruhigung der Nervenfasern, was sich in unserem Gemüt durch Nervenschwäche, Reizbarkeit, Mißmut, düstere Lebensauffassung, ja bisweilen durch Grausamkeit kundtut.
Are Waerland schrieb schon: "Die meisten Krankheitsmerkmale können nicht mit mechanischen Hilfsmitteln entdeckt werden. Viele Anzeichen sind nur für das geübte Auge, das geschulte Ohr oder den geschickten Finger erkennbar."
Kein Gerät ist dem TÜV unterworfen. Es hat nie eine 100 %ige Aussagekraft. Ein Computertomogramm ist 700 mal stärker als eine normale Röntgenaufnahme. In den Kliniken wird es einem in der Regel nicht so erklärt.
Der große Seher Cayce sagte schon: "Ärger und Zorn können das Gehirn ebenso zerstören wie jede andere Krankheit." Ich bin überzeugt, daß Selbstmitleid und egozentrische Haltung Lebenskraft verbraucht und den Prozeß des Alterns beschleunigt. Körperliche Arbeit fegt den Staub der Selbstsucht hinweg, der sich in meinen Gedanken ansammelt. Konzentriere dich auf das, was dein Herz sich wirklich wünscht. Finde Kontakt zu den Wünschen deiner Seele, anstatt dir neurotische Bedürfnisse (Einkaufssucht, sinnlose Hobbys) erfüllen zu wollen.
Eines der größten Probleme der modernen Psychiatrie ist die Tatsache, daß der Patient bei jedem Gespräch dazu

aufgefordert wird, sich mit dem Negativen zu befassen und dem Psychiater in aller Ausführlichkeit zu erzählen. Große Weise haben immer wieder behauptet, allein schon Gedanken können heilen oder töten! Darum ist es nicht gut, immer wieder negative Aspekte aufzuzählen. Unsere positiven Gedanken sind unser stärkstes Mittel in der Vorsorgemedizin. Die moderne Psychiatrie ist leider von dem Gedanken besessen, genau festzustellen, warum wir Schwierigkeiten haben. Wir brauchen nur herauszufinden, welches negative Gefühl uns zu schaffen macht. Viele Depressive sind einfach unglücklich. Sie nehmen oft *unechte* Selbstmordversuche vor. Bei einer echten Depression ist in der Regel die *Leber* geschädigt. Wer sich fortgesetzt darüber beklagt, daß ihm nicht genug gegeben wird, ist unglücklich. Diese Patienten leiden auch zugleich an einer Verstopfung. Sagen sie doch oft, sie seien voll von Bösem und Schlechtigkeit. Sie haben Selbstbestrafungswünsche. Schuld kann also zu einem unglaublich mächtigen negativen Gefühl werden. Demzufolge könnte man also sagen, unser Gewissen befindet sich im Dickdarm.

Geduld ist ein Heilmittel für jede Krankheit. Die Psychiater aber verstärken oft unser Gefühl der Hilflosigkeit und Abhängigkeit, weil sie *den Willen des Patienten* außer acht lassen.

Nicht bekannt ist aber, daß der Geist ohne Hilfe der Seele dieses Nervensystem nicht gebrauchen könnte. Es ist die Unausgeglichenheit zwischen Geist und Seele, die der Arzt erst erkennen muß. Kranke oder minderwertige Menschen müssen wir in der Selbstachtung zu stärken suchen. Mut und Geduld mit den Mitmenschen sind die zwei wichtigsten Komponenten, die einer neuen Lehre zum Durchbruch verhelfen. Unzufriedene Menschen werden durch Reichtum niemals zufriedener und glücklicher. Ein Mensch, der sich in irgend einer Weise min-

derwertig fühlt, sucht nach einem Ausgleich. Körperliche Minderwertigkeit versucht man oft durch Übertreibung auf körperlich rein materiellem Gebiet, (beruflicher Ehrgeiz, der Beste beim Sport) auszugleichen. Sich selbst beobachten, sich selbst einer Kritik unterziehen, das kann jeder. Sich selbst gegenüber ehrliche Kritik zu üben, ist sehr schwer. Selbstvorwürfe sind niemals geeignet, einen Fortschritt zu bewirken. Wollen allein ist dazu nötig und sonst nichts. Aus Fehlern lernen und nicht andere verantwortlich machen! Depression entsteht ja erst dann, wenn ein Irrtum klar geworden ist oder die Wahrheit nicht gefunden wurde. Bewußtseinsspaltung ist eine beliebte Diagnose, die von jeder Verpflichtung, jedem Versuch, eine Heilung herbeizuführen, befreit. Weil ja eine solche vermeintliche Teilung des menschlichen Bewußtseins ein für allemal unheilbar ist oder sein soll. Es gibt keine Medikamente gegen geistige Störungen. Außerdem lese ich: "Denaturierte Lebensmittel sind in ihrer Substanzschwingung derart schwach, daß sie die Impulse an das Nervensystem nicht mehr in genügender Schwingungszahl weiterleiten können.
Aus diesem Grund ist die Struktur der Gehirnzellen oft brachliegend und verkümmert, bis schließlich ihr Absterben erfolgt."
Anderen Menschen helfen, ist ein sicherer Weg zur psychischen Gesundheit. Übermäßige tierische Eiweißkost führt nicht nur zur Erschlaffung der Geist- und Seelenfähigkeit. Persönliche Interessen werden gefördert durch Fleischgenuß, also man wird zum Ich-Menschen. Allgemeine Interessen werden gefördert durch Pflanzenkost. Tabak ist für die Nerven nicht anregend, sondern lähmend. Raucher wollen sich durch die Rauchwolken von der Welt abschließen und sich vor ihr schützen. Man fängt aus Unsicherheit und Angst an zu rauchen.

Bei *zuviel* Rohkost tritt im Denken meist *Eigensinn* auf, weil auch hier die beweglichkeitswirkenden Kräfte verbraucht sind zur Bewältigung der rohen Nahrung. Der Geist ist nie krank, kann nie erkranken, sondern er ist immer das Heilende. Eine Verwirrung in den Seelenfähigkeiten ist immer dauf zurückzuführen, daß die physische Leibesgrundlage deformiert ist. Dies geschieht durch eine gestörte Funktion von Herz, Niere, Darm oder Leber.

Heutzutage aber ist der Blick der Wissenschaft ganz eingestellt auf die Idee der sogenannten Erreger. Alle diese Einzeller sind sogenannte Parasiten und können ihren Nährboden nur auf bereits zerfallendem Leben finden. Durch falsche Ernährung schaffen Sie die Grundlage, daß sich Parasiten in Ihrem Körper wohlfühlen und sich verbreiten.

Des öfteren wird mir gesagt, daß Menschen nach einer Blutübertragung eigenartige charakterliche Veränderungen, ja sogar Depressionen bekommen hätten. Selbst Ärzten ist das aufgefallen. (Eine Randbemerkung, worüber man auch mal gründlicher nachdenken sollte).

Die Auflehnung gegen unbefriedigende Lebensumstände drückt sich dabei in Beschwerden aus. Viele Frauen müssen *Tag für Tag mit Isolation, Mißachtung und dem Gefühl der Wertlosigkeit fertig werden.* Deswegen münden Frauen oft in einer Suchtkarriere mit anschließenden Nervenzusammenbrüchen. Jährlich werden bei uns in Apotheken an die drei Milliarden Schmerzpillen an Frauen verkauft. Das sind natürlich gute Industrieumsätze. 1 100 Tonnen Schmerzwirkstoffe sind das im Jahr. Davon sind 925 Tonnen verschreibungsfrei.

Wer täglich an Schmerzen leidet, kann den Verlockungen einer chemischen Dämpfung kaum widerstehen. In vielen Medikamenten ist Coffein enthalten. *Coffein kann keine Schmerzen lindern,* fördert nur den Wunsch nach

immer mehr Pillen. 62 % aller rezeptfreien Mittel bei uns enthalten Coffein. Bedenken Sie stets, Schmerzhemmer schaden den Nieren. Sie landen also später an der künstlichen Niere. 500 Millionen Mark zahlen die Krankenkassen jedes Jahr dafür, die Schmerzmittel-Kranken mit Dialysen am Leben zu erhalten. 100 000,– pro Patient! Nach fünf Jahren und einer "Schwellendosis" von 2 000 Schmerzpillen beginnt die Gefahr für die Nieren. Dabei ist nur die Seele erkrankt. Bei Kopfschmerzen werden, ohne daß es die Betroffenen wissen, Konflikte ausgetragen. Schmerzen sind Signale für unterdrückte Wut, aufgestauten Ärger und versteckte Aggressionen. Wenn sich das Bedürfnis nach befriedigender zwischenmenschlicher Beziehungen, Selbstachtung und Anerkennung an der Realität bricht, dann kommt der Schmerz. Der Arzt reagiert nicht auf die Lebenssituation der ratsuchenden Frauen, sondern auf die geschilderten Symptome. Sie deklarieren Kopfschmerzen, Müdigkeit, Angst Unruhe als "vegetative Dystonie", was nichts anderes als "gestörtes Allgemeinbefinden" heißt.
Frauen werden an Normen gemessen, die für Männer entwickelt wurden. Gesundheit ist Leistung, Leistungsfähigkeit, funktionstüchtige Durchsetzungskraft und Stärke, Ausdauer, Standhaftigkeit und Härte gegen sich und andere. Wer nicht so funktioniert, ist wehleidig, gestört oder eben krank. Als vorbildhaft gilt nur, wer ohne Wimpernzucken die gravierendsten psychosozialen Ereignisse verkraften kann. Frauen dürfen weder Ärger, Wut noch Aggressionen ausstrahlen. Emotionale Probleme, Streß und berufliche Belastungen können von Männern über die Ventile Aggression und Wut leicht entladen werden. Sie können auch über Sport, politische Betätigung, Erfolg und Anerkennung Entlastung finden. Frauen dagegen richten ihre Verzweiflung nach innen

und gegen sich selbst. Frauen, die mit Migräne, Gereiztheit, Müdigkeit, Unruhe im Sprechzimmer auftauchen, gehen unter Umständen mit einer Psychose, Depression oder psychogenen Störung wieder weg.
Sehr gute Nervennahrung sind unter anderem Cashewnüsse. In diesen Nüssen ist Lecithin enthalten. Aber auch *Selleriesaft* stärkt die Nerven, ebenso sind die Chufas Nüssli sehr gut. (Im Buch "Ich habe Krebs und lebe immer noch" sind diese Nüssli ausführlich beschrieben).
B1 ist als Nervenvitamin bekannt. B1 kann in unserem Körper nicht gespeichert werden. Daher muß es ihm regelmäßig zugeführt werden. Durch Bierhefe und Weizenkeime ist dies auch möglich.
Steht man unter psychischem Streß, verbraucht man mehr Zink. Hat man Zinkmangel, kommt es zu Gehirnentwicklungsstörungen, psychischen Störungen. Die Nahrung aus Klinikküchen deckt den täglichen Zinkbedarf überhaupt nicht. Die Antibabypille sorgt für eine Verringerung von Zink, Folsäure, von Vitamin B6 und Vitamin C in unserem Körper.
Die Energiezufuhr für unser Gehirn erfolgt durch das Blut. Ist dieses mit Nährstoffen, Nährsalzen und Vitaminen beladen, so daß jede einzelne Hirnzelle das erhält, was sie benötigt, dann funktioniert es ausgezeichnet. Zu hoher, wie auch zu niedriger Blutdruck beeinflussen die Funktion des Gehirns ungünstig. Auch Alkohol und Medikamente können die Gehirnfunktion derart beeinflussen, daß einige Zentren in ihren Funktionen abgebremst und andere übersteigert werden. Quecksilber ist dabei ganz schlimm.
Gute Drüsentätigkeit ist notwendig und dies ist durch das seelische Befinden beeinflußbar. Nervliche Funktionsstörungen heißen bei den Ärzten sofort vegetative Dystonie. Es ist nur ein Name, der alles und doch nichts

sagt. Lassen Sie sich also nicht von Ihrem Arzt schon durch Worte verrückt machen.
Erfahrung und Beobachtung haben bereits klar gezeigt, daß eine Einseitigkeit in der Behandlung veraltet und ungenügend ist und in vielen Fällen keinen Fortschritt und keine Hilfe bringen kann, während die Ganzheitsbehandlung zum Erfolg führen könnte.
Die Homöopathie verwendet für sensible Menschen aus dem Saft des grünen Hafers ein hervorragendes Mittel: Avena Sativa. Aus den Blättern von Ginkgo biloba gewonnene Tinktur ist gut bei mangelhafter Gehirndurchblutung. Ein Mittel ohne Nebenwirkungen. Dadurch kann das Sauerstoffdefizit im Gehirn ziemlich rasch behoben werden. Blutdruckerhöhungen werden normalisiert, wahrscheinlich weil die Viskosität, das heißt, die Fließeigenschaft des Blutes schon nach einigen Wochen günstig beeinflußt wird. Es ist kein zweites Mittel bekannt, das so vielseitige Einflüsse auf Gehirn, Zentralnerven- und Gefäßsystem ausübt, wie der Ginkgo-biloba-Auszug. Er regt auch die Nieren und die Bauchspeicheldrüse an. Man kann sich auch einen Tee daraus zubereiten.
Der gesamte Vitamin B-Komplex ist notwendig zur Regulierung der Zellatmung des Nervensystems und zur allgemeinen Stärkung.
Die klinisch deutlichste Wirkung der *Neuroleptika* besteht in der Dämpfung von Erregunszuständen. Man spricht daher sogar von einer "chemischen Zwangsjacke". Alle neuroleptischen Medikamente üben einen günstigen Einfluß auf Psychosen aus, können aber auch zur Entstehung neurologischer Störungen führen. Bei der Wirkung der Neuroleptika handelt es sich nämlich mehr um eine Dämpfung emotioneller Spannungen als um eine Herabsetzung der Vigilanz (erhöhte Wachsamkeit). Der Patient ist durch eine offensichtliche Gleichgültig-

keit, durch eine emotionale Neutralität gekennzeichnet. In hohen Dosen abends wirken die Neuroleptika schlafauslösend und schlaffördernd. Bei einer Behandlung mit Neuroleptika kann es zu depressiven Zuständen kommen, sowie Verwirrtheitszuständen, Blickkrämpfen, Schiefhals, abnormen Zungenbewegungen. Insbesondere Megaphen besitzt die Eigenschaft, Mundtrockenheit, Verstopfung und Harnverhalten hervorzurufen. Solche Störungen treten nicht selten auf. Impotenz beim Mann und Frigidität bei der Frau führen häufig zur Unterbrechung der Behandlung durch den Patienten selbst.

Reserpin findet heute in der Psychiatrie kaum mehr Verwendung, weil es häufig depressive Zustände hervorruft. Man weiß also, daß Neuroleptika mehr einen aufschiebenden Effekt als eine Heilwirkung haben.

Im alten Ägypten war eine Überbeanspruchung von Seele und Nervensystem schon bekannt. Durch sorgfältige Darmuntersuchungen an den Mumien ist es nachgewiesen worden. Wissenschaftler entdeckten eine knotige Form des Stuhlgangs, Krampfzustände des Darmes müssen dies bewirkt haben. Diese Schafskotform gilt auch heute noch als ein Symptom für Störungen des vegetativen Nervensystems. Auch heute weiß man darum und doch kümmert sich kaum ein Arzt um die Darmtätigkeit seines Patienten.

Brecht sagt schon: "Der in uns arbeitende göttliche Kompaß weist immer den richtigen Kurs, wenn er nicht durch uns gestört worden ist. Die stärksten Abdrifte und die gröbsten Mißweisungen unsres Lebenskompasses kommen in unseren Tagen von der Ernährung.

Unser Nervensystem reguliert, seinem Auftrag gemäß, genau und exakt alle Abläufe des inneren Geschehens und läßt Freude an unserem Leben empfinden und sonst nichts.

Durch das Fasten werden geistige Probleme besser gemeistert und seelisch wesentlich entschärft. Auf schwierige Fragen wird uns eine klare Antwort gegeben – aus uns selbst heraus. Wir erleben, daß alle Weisheit in uns selbst ruht.
Im Fasten kann man keine niederen Gedanken denken. Mit dem Fasten betreten wir eine höhere Welt. Sie wirkt wie eine Charaktermassage."
"Wenn es uns gelingt, uns von den greifbaren Dingen zu lösen, können wir eine direkte Verbindung herstellen zwischen der Hoffnung und dem Willen, zu leben. Die Seele ist ein Ort für sich und kann aus sich selbst einen Himmel zur Hölle und eine Hölle zum Himmel machen."

STRESS EINE TÖDLICHE FALLE?

Das habe ich lange Zeit nicht gewußt, daß Streß wirklich so etwas wie eine tödliche Falle werden kann. Jetzt, nach sechs Jahren meiner Erkrankung habe ich die Zusammenhänge erkannt und bin mal wieder entsetzt. Wo entsteht der meiste Streß? In der Regel in einem Krankenhaus oder einer Klinik. Warum steht man dort unter Dauerstreß? Weil die Ärzte vorgeben, immer alles zu wissen und ihre Rechte durchsetzen. Der Patient darf keine eigene Meinung haben, somit kann er auch nicht seine Ängste wirklich abbauen. Wenn man sich als Patient nicht so verhält wie es der Arzt will, dann bombardiert man den Patienten mit Angst! Und Angst ist gleich Streß. Das mußte ich bei meiner Erkrankung selbst miterleben. Tägliche Anrufe von Patienten, die bitterlich weinend mir klagen, wie sehr man sie bedränge, dies und das zu tun, obwohl sie grauenhafte Angst davor haben und lieber in Frieden sterben wollen. Die Ärzte lassen nicht locker. In vielen Büchern durfte ich lesen, wie groß die Angst ist, wenn ein Patient weiß, er soll wieder einer Elektroschockbehandlung unterzogen werden. Wenn Sie mehr darüber wissen wollen, lesen Sie das Buch "Der sanfte Schrei".

Ich habe auch erfahren dürfen, daß bestimmte Bereiche unseres Körpers unter physischem und mentalem Streß stehen, was sehr gefährlich für uns werden kann. Infolge dieser Belastung können das Blut und die anderen Körperflüssigkeiten nicht an die vorgesehenen Bereiche gelangen. Daraus entsteht dann z. B. Darmverstopfung oder Darmstörungen, verschlossene Mandeldrüsen. Aber auch Zahnhöhlen und Narbenbereiche leiden darunter. Es kommt zu vermehrten Schmerzen. Muskelverkrampfungen, Verletzungen, Unfälle, Operationen, dies alles kann gestreßte Regionen im Körper entstehen lassen.

Wie wichtig ein gut funktionierender Stoffwechsel ist, habe ich ja schon wiederholt in diesem Buch erwähnt. Im Verlauf des Älterwerdens und unter dem Streß chronischer Krankheiten wird das Blut immer saurer. Es ist aber lebenswichtig, daß wir basisch bleiben. Wird auch noch genau erklärt. Dr. Kuhl schreibt schon: "Ohne giftigen Milchsäurespiegel im Körper stirbt kein Kranker den Krebstod".

Fröhliche Menschen werden viel seltener krank. Das sollte uns schon zu denken geben. Fröhlichkeit kann man durch ein starkes Ich ermöglichen! Es wird, wie Sie bereits wissen, durch falsche Ernährung und Medikamente geschwächt oder auch zertreten. Angst erstickt jede Fröhlichkeit. Angst ist gleich Streß! Vergessen Sie das nie mehr.

Krankheit und Streß vernichten Energie. Gedanken und Emotionen sind Energien, die im Übermaß das harmonische Miteinander der Organschwingungen stören können. Übertriebener Haß zerstört die Gesundheit.

Als Folge von Dauerstreß ist Anspannung der Muskulatur und der Gefäße zu verzeichnen, sowie Ansteigen des Blutdrucks und Erhöhung des Blutzuckerspiegels. Bleibt der Dauerstreß erhalten, treten dann Magengeschwüre, Rheumatismus, Asthma, allergische Reaktionen, Herz- und Kreislaufleiden auf. Streß schädigt das Abwehrsystem massiv, kann auch zu Diabetes führen.

Amerikaner stellten 1973 ein Streßtabelle auf:

	Streßpunkte
Tod eines Ehepartners	100
Scheidung	73
eheliche Trennung	65
Gefängnisstrafe	63
Tod naher Verwandter	63
Verletzung, Krankheit	63
Eheschließung	50
Arbeitsplatzverlust	46
Pensionierung	45
Schwangerschaft	40
Sexuelle Schwierigkeiten	39
Neuanfang im Beruf	39
Kinder verlassen Elternhaus	29
Ärger mit Verwandten	29
persönliche Hochleistung	28
Angewohnheiten ändern	24
Ärger mit dem Chef	23
Wohnungswechsel	20
Urlaubsverkehr	11

Die Wissenschaftler glauben, daß ein Mensch nicht mehr als 200 "Lebensveränderungseinheiten" gleichzeitig ertragen kann. Viele Streßpunkte auf einmal sind schlimm. Emotionen wie Haß, Neid, Eifersucht machen das Miteinander zur Qual
Sie sehen also an dieser kleinen Tabelle, wie schlimm sich Streß auswirken kann. Lebensprobleme, Sorgen, Schwierigkeiten verschiedener Art sind da, um überwunden zu werden, nicht, um sich von ihnen fertigmachen zu lassen. Jedes Gefühl der Minderwertigkeit reduziert die Kraft unserer Hoffnung und lähmt auch unsere Tatkraft.

"Wenn du am Ende bist, ist das die beste Voraussetzung für einen Neuanfang. Tiefer kannst du nicht mehr kommen." Das habe ich mir damals auch immer wieder gesagt. Schwärzer wie schwarz kann ein Loch gar nicht mehr werden. Man hatte mir gesagt, ich müsse bald sterben. Es war für mich sozusagen die Endstufe. Ich hatte also schon den Friedhofsschein in der Tasche. Ich konnte überhaupt nichts mehr verlieren, gar nichts! Also machte ich mich endlich von allen Zwängen frei und lebte wirklich. Ich glaubte, ja nur noch ein paar Monate vor mir zu haben. Jetzt weiß ich, weil ich mich entblockte, konnten meine Körpersäfte wieder richtig fließen, und ich wurde gesund. In dem Krankenhaus war man darüber sehr wütend. Eine tödlich erkrankte Krebspatientin hatte nicht zu lachen und sich zu freuen. Man ging soweit, daß man glaubte, ich hätte die Tragik gar nicht richtig verstanden und versuchte es mir beizubringen. Bis ich wütend wurde und zurückfragte: "Wo steht geschrieben, daß es verboten ist, lachend zu sterben?" Darauf wußte man keine Antwort, und man ließ mich endlich in Ruhe und zwang mir keine Psychopillen mehr auf. Die landeten im Spülstein.

An dieser Stelle möchte ich ganz besonders auf ein Buch aufmerksam machen. Hätte ich es zu meiner damaligen Leidenszeit bekommen, es hätte mir sehr viel Kummer und Schmerzen erspart. Es ist von Kurt Scherer und heißt: "Mit Streß leben", Häussler Verlag, Neuhausen-Stuttgart. Schenken Sie es Ihren nervenkranken Angehörigen oder Freunden. Sie tun Ihnen damit einen sehr großen Dienst. Es ist wunderbar geschrieben worden. Kurt Scherer hat alles an sich selbst erfahren und in einfacher, wunderbarer Sprache gibt er seine Erfahrungen wieder.

"Wir opfern dem Moloch Leistung, nicht dem Moloch Zeit!" ist ein Satz aus diesem Buch. Ebenso dieser Satz:

"Ärztliche Untersuchungen haben eindeutig ergeben, daß unter stetem körperlichen und seelischen Streß wichtige Teile des Organismus versagen. Dauert die Belastung länger bzw. baut sich eine auf die andere auf, ohne daß die Entladung stattfindet, folgt ein Erschöpfungszustand, der schwere Krankheit und auch den Tod nach sich ziehen kann. Lerne dich selbst beherrschen!"

Alles was mit "Über" anfängt ist sehr schlimm und sollte man meiden: Übermüdung, Überlastung, Überreizung etc.

Wenn jemand sich von Emotionen leiten läßt, kann er Menschen viel Trauriges zufügen. Emotionen können schrecklich sein, und sie machen den, der damit agiert, selbst kaputt.

Zu den am meisten zusetzenden Streßursachen gehören: Zweifel, Einsamkeit, Angst und die Sorge, abgeschrieben zu sein.

"Ja zu sich selbst zu sagen, denn Gott hat sein Ja zu Ihnen gesagt." Das sind also nur ein paar Sätze aus dem hervorragenden Buch. Lesen Sie es immer wieder und vielleicht finden Sie dann auch die Gelassenheit und Zufriedenheit, die Sie so bitter nötig haben, um sich gegen die Ärzteschaft wehren zu können.

Doch kommen wir zu unserer Nahrung zurück. Am häufigsten wird die nahrungsbedingte Hypoglykämie durch anhaltenden Streß, insbesondere durch schlechte Eßgewohnheiten ausgelöst und ruft deshalb innere Störungen hervor.

Bei jedem physischen und psychischen Streß, Schmerz, Überanstrengung, Schwangerschaft, Angst, Trauer, Furcht setzt die Nebenniere Adrenalin frei. Schließlich wird die Nebenniere durch den ständigen Bedarf erschöpft. Nicht nahrhafte Speisen ohne Spurenelemete üben einen unscheinbaren, aber komplexen und schädigenden Streß auf die Körperorgane aus. Am schädlichsten sind die raffinierten Kohlenhydrate. Durch Streß, besonders Dauerstreß, wird die Leber erheblich geschädigt.

Streßsymptome können durch Hafer, Hopfen, Melisse und Weißdorn beseitigt werden. Allergie ist in diesem Sinne Ausdruck einer Überforderung und kann in ein erweitertes Streßkonzept eingebaut werden. Die Empfindlichkeit gegen bestimmte Nahrungsmittel und Chemikalien ist dabei nur eine Form von Streß bzw. bedingt die Streßempfindlichkeit.

Prof. Selye, Montreal, definiert Streß als "...die Bemühung, sich an ein schädliches Agens anzupassen." Streß ist, wissenschaftlich ausgedrückt, der Verschleiß des Körpers durch den täglichen Kampf der Anpassung, in dem der Organismus sich bemüht, seine Funktion angesichts potentiell schädlicher Einflüsse normal zu erhalten. Zu diesen gehören körperliche und psychische Stressoren aller Art, vom *schlechten Essen* bis zu lauten Nachbarn.

Ein kleines Maß an Streß ist sogar sehr nützlich für unseren Körper. Seit frühen Zeiten weiß man, daß in unserem Organismus eine selbstheilende Kraft schlummert, die durch Streß erweckt werden kann.

Dadurch, daß man mir sagte, ich hätte einen tödlichen Krebs, setzte man mich unter Streß, eine Art Schock! Ich reagierte zum Glück richtig. Doch die meisten geraten dann in Panik und dann ist alles aus. Dann geht es nur noch bergab. Ich habe begriffen, wenn man unangenehme Dinge sofort annimmt, dann sind sie gar nicht mehr so schlimm. Im Gegenteil, dann kann man später sogar darüber lachen, daß man sich so lange Zeit vor Dingen gefürchtet hat, die so harmlos sind. Seinerzeit erkannte ich eines sofort: Kein Arzt der Welt kann mir mein Leben verlängern, wenn Gott es nicht will. Wäre es anders, würde kein Arzt und kein reicher

Mensch mehr sterben. Gott hat mir das Leben gegeben und nimmt es mir auch wieder. Da wurde ich ganz ruhig und gelassen. Sie sind krank geworden, Sie müssen Ihr Leben überdenken! Dann werden wir auch wieder gesund.

Man hat sogar festgestellt, daß selbst Schafe jeden Streß widerspiegeln. Mit einem gelben Ring, vergleichbar den Jahresringen eines Baumes, spiegelt sich der Streß in ihrem Vlies wider. An diesen "gemarkten" Stellen wird die Wolle schwach und brüchig. (Dr med. Simeon Pressel) Streß entsteht auch dort, wo man ihn kaum vermutet. Im Haushalt. Bei Langeweile, Monotonie, ständigen familiären Spannungen, fehlender beruflicher Bestätigung, Isolierung und Einsamkeit. Angst ist einer der häufigsten Gründe für Schlafstörungen.

Besonders eindrucksvoll sind die Reaktionen des *Zinkhaushalts* auf verschiedene akute Streßzustände. Denn dann werden in den Zellen große Mengen an Zink benötigt. Bekommt man sie nicht mit der Nahrung, fängt die Krankheit an. Rapider Zinkmangel tritt bei Verbrennung auf. Dem Körper sofort Zink zuführen, ist sehr wichtig. Leider weiß das fast kein Arzt. Aber auch Kaliummangel entsteht durch jeden kleinsten von außen hinzutretenden Streß, wenn dieser bis zur Unerträglichkeit gesteigert wird.

Durch Streß entsteht eine Entkräftung des Adrenalinsystems z. B. durch Frustration, unterdrückte Wut. Alles das sind negative Auswirkungen auf die Körperchemie. Man kann Angst durch ein gewisses Maß an Vertrauen ersetzen. Deshalb ist es wichtig, wenn man unter Streß steht, sehr zinkhaltige Lebensmittel zu sich zu nehmen. Damit baut man dann die ganze Streßsituation per Ernährung erheblich ab und fängt sich somit schneller. Ist schon eine faszinierende Sache. Man muß es nur wissen.

Lassen Sie sich nie mehr verrückt machen!
Kein Mensch auf der Welt ist wichtiger als der andere! Wir alle sind wichtig! Sonst wären wir nicht hier. Jeder hat eine gewisse Aufgabe zu erledigen. Jeder auf seine Art und Weise. Meine Putzfrau genauso wie ich. Wäre sie nicht da, könnte ich jetzt nicht lesen und Fachbücher schreiben. Verstehen Sie mich? Auch ein Arzt ist nicht wichtiger! Ein Arzt ist schon gar nicht allwissend. Wenn Sie es noch immer nicht glauben wollen, so lesen Sie doch mal mein Buch: "Ärzte sind nicht allwissend". Vielleicht finden Sie dann endlich die Gelassenheit, die Sie so bitter nötig haben.
Wenn Sie anfangen Ihr Schicksal anzunehmen, sind Sie schon auf dem Weg zur Gesundheit. Es annehmen und dann darüber nachdenken, was Ihnen Ihre Krankheit sagen will, was Sie falsch gemacht haben.

WAS BEWIRKEN NÄHRSTOFFE UND WAS BEWIRKEN MEDIKAMENTE?

In einem sehr guten Buch las ich folgenden Satz: "Medikamente sind wie Weltraumraketen, eine Zaubervorstellung, ein heftiger Schlag. Dann folgt die tödliche Leere." Auf Psychopillen trifft das 100 % zu. Dagegen erzeugen Nährstoffe ein künstliches "Hoch". Medikamente sind für die natürliche Biochemie des Organismus Fremdstoffe und rufen deshalb Nebenwirkungen hervor. Aber Nährstoffe sind ein Teil von uns, deshalb sind die Nebenwirkungen minimal und führen selten zum Tod." Das sind schon markante Sätze, finde ich. Wenn man dann auch noch liest: "Schon bevor die Wissenschaftler ihre Wirkung entdeckten, haben die Spurenelemente bereits seit ewigen Zeiten die Rolle intelligenter Ionen übernommen. Sie und andere Nährstoffe wissen genau, an welche Stelle des Organismus sie wandern und was sie tun müssen", dann wird man richtig demütig. Das alles soll einfach nicht stimmen, behaupten viele heutige Ärzte. Haben sie denn vielleicht keine Ehrfurcht vor dem Leben?
Was ich dann lesen durfte, erschreckte mich noch mehr: Mineralölpräparate mit Kupfer müssen von vielen gemieden werden. Die Bevölkerung unseres Landes ist schon durch die Kupferrohre belastet genug. Da fragt man sich langsam wirklich: welchen Stellenwert haben Gesundheit und Glück der Menschen für die Gesamtvolkswirtschaft? Wahrscheinlich gar keinen!
Selbst so schwere und angeblich unheilbare Erkrankungen wie ich sie in diesem Buch beschrieben habe, lassen sich durch richtige Ernährung wieder in den Griff bekommen, wenn man nur ein paar Veränderungen in seinem Ernährungsplan aufnimmt und diese dann einhält. Doch der Gewinnrausch ein paar Mächtiger in unserem

Lande weiß dies drastisch zu verhindern. Wachen Sie endlich auf und denken Sie nach! Denken tut wirklich nicht weh und kostet auch nichts!
Wissenschaftler vieler Länder sind besorgt über die zukünftige Langzeitwirkung vieler Produkte. Schließt man die krankmachenden Nahrungsmittel und Chemikalien aus, dann können die Patienten in 80 - 90 % der Fälle völlig geheilt werden. Die Zusätze und Verunreinigungen in Nahrungsmitteln, künstlichen Düngemitteln und Pflanzenschutzmitteln im Boden werden sich noch einmal furchtbar bemerkbar machen.
"Unsere moderne, auf Kohlenhydraten aufgebaute Ernährung aus höchst verfeinerten und verfälschten Speisen mit hunderten neu entwickelten synthetischen Chemikalien versetzt, ist eine so neue Erfindung, daß man noch nicht genug Zeit hatte, ihre Wirkung auf die Menschen eingehend zu untersuchen. Alle Anzeichen aber deuten darauf hin, daß diese Wirkung schädlich ist." Sie sehen also: Wir sind für die Wissenschaft Versuchskarnickel. Wozu die Wissenschaftler in der Lage sein können, wenn es darum geht, Geld zu verdienen, können Sie ausführlich in meinem Buch "Sind wir schon alle Versuchskarnickel?" nachlesen.
Fast alle leiden schon unter einer maskierten (nicht erkennbaren) Allergie. Das heißt, man fühlt sich unmittelbar nach Aufnahme des Allergens sogar wohler, Störungen können verzögert auftreten. Darum wird fast nie die dafür verantwortliche Nahrung oder chemische Substanz verdächtigt. Rinkel, Chicago, sagte: "Wenn jemand ein Nahrungsmittel täglich oder fast täglich zu sich nimmt, kann er allergisch dagegen sein, ohne es je als Ursache seiner Krankheitssymptome zu verdächtigen." Hippokrates erkannte schon die *Suchtnatur der Nahrungsmittelallergie.*

Ich habe ja schon einiges über *Haloperidol* geschrieben. Wissen Sie auch, daß dieser Tranquilizer chemisch mit dem Stoff verwandt ist, den man zur Betäubung von Wildtieren verwendet, wenn man sie in andere Gebiet bringen will? Man sagt, daß die Russen es bei politisch-psychiatrischen Gefangenen anwenden.
Randolph, ein großer Ernährungsexperte, fand heraus: "... daß Speisesoda (Natriumbikarbonat) entweder in Wasser genommen oder intravenös gespritzt, die Symptome einer allergischen Reaktion leichter macht. Warum ein Alkalisalz nicht nur als bewährtes Abführmittel wirkt, sondern auch allgemein allergische Beschwerden erleichtert, ist ziemlich geheimnisvoll. Man hat herausgefunden, daß eine allergische Reaktion im Zielorgan die Sauerstoffversorgung des Gewebes behindert. Dies führt dann zu einem lokalen Anstieg von Säuren (wird in einem eigenen Kapitel genau erklärt werden), die den normalerweise alkalischen Ph-Wert des Blutes und der Gewebeflüssigkeit zum sauren Bereich hin verschieben. Diese leichte Ansäuerung verursacht die Beschwerden der Patienten."
Schon das Weglassen von Zucker und Stärke heilt nicht nur Fettleibigkeit, sondern auch eine große Zahl chronischer Leiden ohne offensichtliche Verbindung mit Fettleibigkeit.
Dr. Blake Donaldson hat schon 1963 mit einer getreidelosen Diät gute Erfolge erzielt. Im *Auszugsmehl* ist die Wurzel allen Übels. Es ist ein zu konzentriertes Nahrungsmittel. "Ich glaube, der Gedanke, daß Mehlprodukte für etwa 80 % der Bevölkerung schlecht sind, wird erst in 20 Jahren populär werden." Donaldson hat in 40 Jahren über 17 000 Patienten untersucht.
Die 20 Jahre sind vorbei, doch in Sachen Ernährung hat sich die Medizin nicht um einen Millimeter gewandelt. Dr. Blake Donaldson hat sogar herausgefunden, daß

Mehl mit chemischen Zusätzen bei einigen empfindlichen Leuten schwere Geisteskrankheiten hervorrufen kann. Neben Getreide und Zucker als "Hauptübeltäter", lösen Pulverkaffee, schwarzer Tee, Schokolade, Eier, Milch und chemisch behandelte Nahrungsmittel schwere allergische Reaktionen aus. Schon im Jahre 1922 wurden Arbeiten von Shaneuon darüber veröffentlicht.
Wußten Sie, daß männliches Hormon den Sportlern nicht nur verabreicht wird, um Muskeln wachsen zu lassen, sondern auch um ihre Aggressivität zu steigern? Bei phosphatempfindlichen Menschen bewirken hingegen weibliche Hormone Verstimmungen. Diese Niedergeschlagenheit kann dann aggressiv werden.
Man hat in Amerika sogar herausgefunden, daß kriminelles Verhalten Jugendlicher mit einer Diät beeinflußbar ist. 86 % Abnahme. In einem Heim in Kalifornien wurden 3 399 Jugendliche behandelt. Die Studie dauerte 22 Monate. Nach Absetzung der Diät stieg dann die Rückfallquote sogleich auf 54 % an.
803 Schulen in New York haben auf Anraten von Ernährungsexperten eine bessere Ernährung eingeführt. Die Lernergebnisse stiegen sofort an.
Heilnahrung bedeutet, daß zunächst eine Erstverschlimmerungsphase eintritt. Abgelagerte Stoffwechselschlakken werden durch gesunde Ernährung abgebaut. Bevor sie ausgeschieden werden, kreisen sie im Blut. Dadurch können *alte* Symptome (nicht ausgeheilte Krankheiten) oder starke Müdigkeit auftreten. Entgiftungserscheinungen sind deutlich sicht- und spürbar! Übelriechender Schweiß, Urin und Kot, noch stärkerer Ausschlag, dunkle Ränder unter den Augen etc. Das alles schafft eine gesunde Ernährung.
Leider aber scheint die Ehrfurcht vor der Natur auf der Strecke zu bleiben.

Eine Pillanabhängige schildert: "Erst nach einer Entgiftungskur im Krankenhaus, danach einen sechswöchigen Aufenthalt in einer Nervenklinik und anschließend nach 6 Monaten Entwöhnungskur, war ich meine Pillensucht los. Eine Sucht, die jahrelang von meinem Hausarzt unterstützt wurde. Er verschrieb mir ohne Bedenken die Pillen."

Seit man die Benzodiazepine entdeckt hat, hinterlassen sie eine Elendsspur quer durch die westlichen Gesellschaften. Tavorsüchtiger Uwe Barschel ist nur ein Beispiel von vielen. 500 000 bis 800 000 Abhängige gibt es zur Zeit bei uns in Deutschland. Schon *1984* wurde vor der stillen Seuche gewarnt. Nach drei bis sechs Wochen Pilleneinnahme laufen die Patienten Gefahr, abhängig zu werden. Das weiß jeder Arzt!

Der Spiegel schrieb am 29. 8. 1988: Am Konsum der Benzodiazepine hat das Kleingedruckte nur wenig geändert. Jetzt droht Ärzten mittlerweile auch in Deutschland die Verurteilung wegen vorsätzlicher Körperverletzung. Auch dann, wenn sie die Abhängigkeit nicht selbst ausgelöst (das heißt zuerst verschrieben) haben, sondern Rezepte ausstellen und somit die Sucht aufrechterhalten helfen. Süchtige berichten, daß sie im Schnitt 10 Jahre ihres Lebens durch ihre Sucht verloren haben.

Im Jahre 1983 wurden bereits 400 000 Benzodiazepin-Rezepte *für Kinder unter 12 Jahren* ausgestellt. Ältere Patienten, die solche Medikamente erhalten, stürzen sehr oft und ziehen sich so den gefürchteten Oberschenkelhalsbruch zu. Auch das ist den Ärzten bekannt.

Der Umsatz der Chemie für diese Mittel beläuft sich auf jährlich zwischen 400 bis 500 Milliarden Mark.

Medikamente, die Brom enthalten, verursachen Leberschäden und Störungen im Magentrakt.

Eine kleine Randbemerkung: Wußten Sie schon, daß das Tragen von Wolle die Eßbedürfnisse vermindert? Es läßt

außerdem keine Sucht nach Genuß- sowie Arzneigiften aufkommen. Wolle entgiftet die Hautsekrete durch ihre Säure-Basen-Bindungsfähigkeit. Dr. med. Simonis fand dieses heraus.
"Füttert man Läuferschweine ausschließlich mit Getreide, so sind sie beweglich und lebhaft wie Pferde. Jeder Bauer weiß, daß er Schweinen, die auf Mast gelegt werden, zum Getreide Eiweiß geben muß. Fischmehl, Sojamehl, Magermilch. Dann erst können sie Masse bilden, denn Eiweiß fördert den Körperaufbau, und *gleichzeitig werden die Tiere faul und träge.* Sie werden aber auch anfällig für Krankheiten, wobei der *Herztod* besonders gefürchtet ist. Sie fallen um - aus scheinbarer Gesundheit - und sind tot. Beim Menschen nennt man das "Herzinfarkt!" Denken dürfen Sie jetzt selber.
Schlankheitsmittel, in der Fachsprache heißen sie Amphetamine (man nennt sie auch "Muntermacher"), erleben einen großen "Zulauf". Zur Zeit gibt es bei uns über 50 000 Abhängige. Sie werden von den Ärzten ziemlich bedenkenlos verschrieben. Möchten sie ein paar Nebenwirkungen wissen? Herzrhythmusstörungen, Kopfschmerzen, Brechreiz, *Veränderung der Persönlichkeit.*
Eine verwandte Substanz, die den Amphetaminen also in nichts nachsteht, heißt Ephedrin. Deren Nebenwirkungen sind wie folgt: *schwere geistige Veränderungen und depressive Verstimmungen* bis zu Lungenhochdruck mit der Gefahr des tödlichen Ausgangs." Nehmen Sie vielleicht im Augenblick solche Pillen?
Der Hunger nach Leben wird symbolisch gestillt durch Essen! Ist man aber zu fett geworden, fühlt man sich noch häßlicher und ungeliebter. Also müssen die Pfunde purzeln. So greift man rasch zu den viel angepriesenen Appetitzüglern. Daß man davon auch abhängig werden kann, steht ja nirgends geschrieben.

Eine Patientin schreibt nach einem Entzug: "Ich hab' doch so viel Zeit versäumt. Mir fehlt ein ganzes Stück Leben, ein ganzes Stück Entwicklung. Ich möchte mich von dieser Fixierung befreien. Von dieser Fixierung auf das Schönheitsideal der Mode- und Kosmetikblätter."
Gerade in Frauenzeitschriften wird mit sehr vielen Abführmitteln Werbung getrieben. Nebenwirkungen von Abführmitteln sind wie folgt: Kaliummangel, Muskelschwäche, Blutunterdruck, Blasenlähmung, Darmträgheit. Auch wenn damit geworben wird, mit den "natürlichen" und "sanften" ballastoffreichen pflanzlichen Abführmitteln, ist dies auch sehr schlimm. Nehmen Sie lieber *Feigen,* sie haben auch eine abführende Wirkung. Oder trinken Sie sehr viel Brennesseltee! Sie werden staunen, wie toll Sie sich fühlen.
Als die Tranquilizer vom Benzodiazepin-Typ Mitte der 50er Jahre entwickelt wurden, ging ein Aufatmen durch die medizinische Fachwelt. Man glaubte, es helfe bei Schlafstörungen, sei entspannend und beruhigend. Doch der Effekt lag in der zähmenden Wirkung. Ein Wundermittel war also geschaffen worden, es löste die Störungen des Allgemeinempfindens in Wohlgefallen auf. Und das alles angeblich ohne größeres Risiko für die Patienten. Sei *1961* wußte man schon von der Suchtgefahr von Librium. Die angstlösenden Effekte lassen bereits nach vier Monaten nach. Das Bundesgesundheitsamt läßt es durchgehen, wenn die Tranquilizer auch noch gegen *Konzentrationsschwäche,* Überarbeitung, Witterungsempfindlichkeit, Reizbarkeit, *Aufsässigkeit* empfohlen werden. Eine Patientin sagte: "Es war seltsam mit diesen Tabletten. Einerseits fühlte ich mich voll leistungsfähig, konnte zu Hause alles erledigen und war ganz fit. Andererseits gingen die Gefühle immer mehr weg." Bei Schlafpillen mit langer Wirkdauer können sich fatale Folgen zeigen. Der Entzug kann sich mit schüttel-

artigen Krämpfen bemerkbar machen, die den ganzen Körper erfassen. Nicht einmal die Hälfte der Verschreibungen sind mit Depressionen begründet.
Eine verhängnisvolle Entwicklung bahnt sich an. Seit sich unter den Ärzten in der freien Praxis ganz langsam das Wissen durchsetzt, daß sie mit der massenhaften Verordnung von Tranquilizern ein Meer von Süchtigen in den Alltag entlassen können, werden neben den Antidepressiva mehr und mehr Neuroleptika als "harmlose Alternative" verschrieben. Das Ersetzen der Tranquilizer durch Neuroleptika wird dabei mit der Hoffnung verbunden, daß bei niedriger Dosierung keine Nebenwirkungen auftreten werden. Doch es gibt Spätfolgen und Dauerschäden bei mehrjähriger Einnahme.
Aber keine Panik, der Umsatz mit Tranquilizer war 1986 mit 5,3 Millionen Mark zu verzeichnen! Schließlich sind wir doch dafür da, daß die Chemie lebt! Sie bleut uns ja immer ein, ohne sie seien wir ein Nichts!
Hormonpräparate bergen selbst genug Gefahren. Ich habe sie seinerzeit als Krebspatientin abgelehnt und lebe noch immer ganz munter! "Neben dem Risiko des Gebärmutterkrebses können sie für das Auftreten von Blutgerinnseln, Leberschäden, Schmerzen in der Brust, Übelkeit verantwortlich sein. Nach dem *50. Lebensjahr* verliert die Östrogen-Gestagen-Prophylaxe an Sinn. Die Risiken überwiegen. Mit anderen Worten, sie helfen überhaupt nicht, sondern schaden nur. Dieses alles ist dem Buch "Schlucken und Schweigen" von Andreas Ernst/Ingrid Füller entnommen.
Wußten Sie, daß Johanniskrauttee Schwermut und seelische Störungen vertreibt? 2 - 3 Tassen täglich. Wahrscheinlich wissen Sie es nicht, da er billig ist. Sie werden von diesem Tee nicht süchtig. Also vergessen Sie es im Namen der Chemie wieder schnell. Dieser Tee

soll nicht angewendet werden bei Lichtüberempfindlichkeit der Haut, es sei denn, der Arzt verordnet es.
Weintrauben enthalten Kalium, Kalzium, Eisen, die Vitamine C und P. Dörrobst enthält ebenfalls sehr viel Kalium, fördert somit die Wasserausscheidung, ist also gut für die Entschlackung. Wichtig, damit das Gift aus dem Körper kommt.
Sie können aber auch Kohlblattauflagen machen, sie ziehen noch mehr "Dreck" aus dem Körper. Das Kohlblatt enthält Schwefel, Phosphor, Magnesium, Zink, Vitamin C, B1 und B2. Der Kohl ist der Arzt der Armen. Er war sogar 600 Jahre lang das Allheilmittel der römischen Legionäre.
Der gute alte Lebertran enthält in einzigartiger Zusammenstellung ein Höchstmaß an Vitamin A und D, sowie sehr viele Spurenelemente. Die Hirse wiederum hat einen hohen Gehalt an Eisen, Kieselsäure, Eiweiß, Fluor, Vitamine E und B-Komplex, Natrium Schwefel sowie Phosphor.
Unser Schnittlauch (Küchenkraut) ist für die Entwässerung ausgezeichnet verwendbar. Besitzt viele Vitamine und Eisen! Der Naturreis ist besonders wertvoll und wichtig für unsere Ernährung. Er hat viel Kalium, Kalzium, Phosphor, Magnesium, Eisen, Schwefel, Vitamin B1 und B2. Das Vitamin B2 schützt ganz besonders unsere Schleimhäute gegen eindringende Krankheitskeime.
Man hat auch herausgefunden, daß die Antibabypille krebserregend wirkt. Deswegen Warnung an alle Frauen: Begehen Sie keine groben Verstöße gegen die Natur, irgendwie wirkt sich das immer nachteilig aus.
In bezug auf Ernährung ist es wichtig, daß besonders Frauen sich kalkreich und vitaminreich ernähren. Weißkraut, Kohl und die Möhren sind sehr gute Lieferanten.

Es gibt ein amerikanisches Produkt, ACTH genannt. Es ist ein Hormonprodukt aus der Hypophyse (Hirnanhangdrüse) und wirkt ähnlich wie Cortison. Bei allen Hormonpräparaten, wenn die Wirkung auch noch so gut ist, muß man immer daran denken. daß man nur eine Seite in Betracht zieht, während die Kehrseite anders aussieht. Ärzte sollten Patienten daran erinnern, daß man sich sehr gut überlegen muß, welche Nebenwirkungen solche Mittel auslösen können. Alle Hormon- und Organpräparate sollten daher sehr vorsichtig angewendet werden. Der Arzt sagt Ihnen leider nicht, daß Ernährungsfehler, die bei der sogenannten Zivilisationskost am laufenden Band gemacht werden, dafür verantwortlich sind. Sie stören nämlich das biologische Gleichgewicht im Körper und schädigen den ganzen Zellenstaat sehr stark. Eine wesentliche Rolle spielt dabei eine Eiweißüberfütterung mit minderwertigem Eiweiß. Auch Störungen im Mineralstoffwechsel durch denaturierte Nahrung haben sich als Mitursache bei der Degeneration der Zellen erwiesen. Pestwurz ist ein Schmerzmittel der Natur. Letztendlich ist es stärker als Morphin. Es kann sogar in schweren Fällen halbstündlich gegeben werden. Es hat nur einen Nachteil. Es greift erst nach drei Wochen Einnahme richtig. Das sollte man wissen. Weizenkeimöl fördert die innere Zellatmung. Sehr wichtig für unseren gesunden Stoffwechsel.
Wegen der gegenseitigen Potenzierung zusammen mit Barbituraten werden Tranquilizer auch bei der Einleitung der Narkose eingesetzt.
Nehmen Sie nie mehr Amphetamine (Weckamine), sie sind hochaktiv toxisch. Sie führen auch zur Arzneimittelsucht. Bei *psychisch* bedingten Versagenszuständen verdecken sie die Müdigkeit. Deswegen glaubt man, bessere Leistungen vollbringen zu können. Angstzustände verschlimmern sich und können in eine Depression

führen. Am meisten werden Appetithemmer verschrieben und geschluckt. Nebenwirkungen sind außerordentlich häufig, z. B.: Erregungszustände *manischer* Art, Schlafstörungen, *Angstzustände* die an Panikreaktionen grenzen. Sie führen sehr schnell zur Arzneimittelsucht, trotzdem gibt man es *Kindern* bei hyperkinetischem Syndrom, sowie Epileptikern und *alten Menschen mit Schlafstörungen.* Bei größeren Mengen von Amphetaminderivaten können *Hirnblutungen* und schwere Herzrhythmusstörungen auftreten. In erster Linie kommt es jedoch zu zentralen Effekten wie *Angst,* Erregung, extremer Reizbarkeit, *Panikzuständen, Selbstmordneigung und Mordsucht.*

Psychotonika

In dieser Stoffklasse der Psychopharmaka herrscht wohl die größte Verwirrung. Psyhotonika sind in den meisten ernst zu nehmenden pharmakologischen Werken überhaupt nicht erwähnt.
In Anbetracht dieser Umstände ist es nur zu bedauern, daß die üblicherweise verordneten Psychotonika nur eine außerordentlich geringe Wirksamkeit aufweisen. Eine Vielzahl von Präparaten *soll angeblich* in den *Energiestoffwechsel der Nervenzellen eingreifen.*
Sicher ist es bei der ständig wachsenden Zahl von Psychopharmaka eine Illusion, die korrekte Handhabung aller dieser Mittel erreichen zu wollen. Mit anderen Worten, der Arzt ist schon gar nicht mehr in der Lage, sich richtig zu informieren.
"Die *gefährlichsten Vergiftungen* entstehen durch Antidepressiva, Barbiturate und noch verstärkt bei Kombination dieser Produkte. Die Verschreibung größerer Mengen dieser Medikamente muß vermieden werden."

Entnommen dem Buch von Prof. Simon/Colonna "Psychopharmaka", Paris.
Die Regierung läßt zu, daß Nitrit und Phosphat als Zusatzstoff zu Fleisch gegeben werden darf. Nitrit verhindert aber die Sauerstoffzufuhr ins Blut.
Ein Zoodirektor teilte der Öffentlichkeit mit, man verfüttere seit geraumer Zeit an die *wertvollen* Tiere nicht mehr Schlachthausfleisch, sondern man hole es von den Biohöfen. Das Fleisch von gequälten Tieren kann kaum gesund für den Menschen sein.
Würden wir wesentlich mehr Fleisch essen, wären wir durch das darin enthaltene Nerven- und Gehirngift Quecksilber möglicherweise bald die "Dummen". In den Fischen ist eine hohe Konzentration an Umweltgiften enthalten. 10 000 Tonnen Quecksilber werden jährlich in die Umwelt abgegeben. Hauptsächlich im Gehirn und Rückenmark lagert sich das Gift beim Menschen ab, wodurch es zu Nervenschäden kommen kann. In Schweden dürfen schwangere Frauen schon keinen Fisch mehr essen. Es wird von den dortigen Ärzten dringend abgeraten.
Jetzt möchte ich einen kleinen Sprung in die Antike machen, um Ihnen zu zeigen, was man schon seit Jahrtausenden weiß und verheimlicht. Sie werden vielleicht ihr Gesicht verziehen, wenn Sie jetzt lesen, daß man im alten Ägypten Kot als Medizin benutzte. Klaffende Wunden verbanden sie mit frischem Fleisch. Man hat tatsächlich nachgewiesen, daß es blutstillende Fermente enthält. Ohne Nebenwirkungen und ebenso billig. Zum Herausziehen der Hitze, also bei hohem Fieber, nahmen die Ärzte die Blätter der Weide. Gegen Würmer ägyptisches Bilsenkraut. Zimtrinde nahmen sie für den Magen und die Verdauung. Ingwer ist ein gutes Anregungsmittel für den Magen und das Herz. Die Kalmuswurzel half bei Blutarmut. Damals schon kannte man als

Abführmittel die Aloe. Asphalt oder Erdpech wurde gegen Hautausschläge benutzt. Der Safran ist krampfstillend und koliklösend.
Vor über 6 000 Jahren wußten die damaligen Ärzte schon, wie sich die verschiedenen Krankheiten feststellen ließen. Aber auch die Entstehung der einzelnen Krankheiten des menschlichen Körpers fanden sie heraus. Sie wußten vom Schlag des Herzens in allen Gliedern. Sie kannten schon die Anatomie mehrere Tausend Jahre vor den Anfängen der offiziellen Wissenschaft im 13. Jahrhundert n. Chr. Sie wußten um Stauungen oder andere Unregelmäßigkeiten in den Kanälen des menschlichen Körpers und daß diese zu sehr üblen Folgen führen können. Für besonders gefährlich hielten sie dabei die Stauungen im Darmkanal. So mußte die Behebung entsprechender Stauungen und Erhitzungen des Blutes Hand in Hand gehen. Auch den Aderlaß kannte man damals schon, sowie Blutegel. Die Angina pectoris war ebenfalls erkannt worden. Man benutzte Fischgalle und zerdrückte Kuhleber gegen Augenentzündungen.
In der Neuzeit stellte man fest, daß sie infektionsfeindliche Abwehrstoffe bilden. Urin diente zu Waschungen. Die antiseptische Wirkung von Urin hat man längst bewiesen. 1948 stellte Prof. M. Dugger Aureomycinals sogenannte antibiotische Wunderdroge vor. Sie entstammte einer besonders gern in der Nähe von Friedhöfen vorkommenden Erdsorte. Das wußten die alten Ägypter übrigens auch schon. Die heutige Forschung ergab sogar, daß auch Kot und Harn infolge der Ausscheidungsprodukte der im Menschen lebenden Bakterien antibiotische Wirkstoffe enthalten. Allein 55 äußerlich und innerlich anzuwendende Rezepte, in denen Kot und Harn wichtige Bestandteile bilden, wußten die alten

Ägypter. Jedes Tier erzeugt nämlich andere antibiotische Stoffe.
Auch die Hefe wurde nicht nur bei Darmbeschwerden, sondern vor allem als inneres Mittel gegen Hautgeschwüre verwendet. "Brot im fauligen Zustand", war bei den Ägyptern das stärkste Mittel überhaupt. Längst wissen wir heute, daß es ein Antibiotikum ist.
Es stand auch auf einer Papyrusrolle zu lesen: Der Arzt solle damit gegen die Krankheit auftreten und ihr nicht aus dem Wege gehen. Die Ärzte wußten auch schon, daß Wechselfieber von kleinen Tieren verursacht wurde. Pyramidenarbeiter mußten viel Rettich, Zwiebeln und Knoblauch essen. 1948 *entdeckten* die Schweizer Korrer und Schmidt im Rettichsamen eine antibiotische Wirkung. In der Zwiebel ist Allizin und Allistatin. Es ist gut gegen Ruhr, Typhus, Cholera. Funde deuten darauf hin, daß damals schon jedes Haus einen Abort und Waschraum hatte.
Sie kannten auch schon zahlreiche empfängnisverhütende Mittel. Eine Anweisung lautete: "Du mußt Weizen und Gerste in Stoffbeutel geben. Die Frau soll täglich Ihr Wasser darauf entleeren. Wenn beide Getreide keimen, wird sie gebären. Wenn der Weizen keimt, wird sie einen Jungen gebären. Bei Gerste ein Mädchen. 1926 wurde diese Tatsache schon auf ihren Wahrheitsgehalt überprüft. 1933 wiederholte man in Würzburg diese Untersuchung und bestätigte das Ergebnis.
Ärzte in Assur und Babylonien operierten im 3. Jahrtausend v. Chr. schon den grünen Star. Sie kannten auch schon Augengläser, also Brillen.
Harnsäuresteine wurden durch alkalische und harntreibende Mittel "verkleinert" aufgelöst, ausgetrieben. Dazu gehörte Kalziumkarbonat. Ein Rezept für "weiche" Steine lautet wie folgt: Salpeter und Terpentinöl. Auch wurden gepulverte Eierschalen vom Ei des Straußes ge-

gen Lungenentzündung verwendet, sowie heiße Auflagen von Leinsamen und Fenchelabsud.
Großen Wert legte man auf Fasten und eine Salzbehandlung, heiße und kalte Güsse. Man entdeckte in den Papyrusrollen auch Diätanweisungen. Quark wurde bei Verdauungsstörungen verordnet.
Ein indischer Weiser sagte einst: "Der Abstieg der Kultur hängt immer mit der Durchsäuerung des Bodens, sowie dem Raubbau an Wäldern zusammen". Wenn wir da an unsere heutige Zeit denken, kann man schon Angst bekommen!
In einer indischen Stadt mit Namen Mohendschodaro fanden Wissenschaftler riesige Abwasserrohre. Erbaut wurden sie 183 v. Chr. Aber die Inder kannten auch alle "modernen" Krankheiten. Den indischen Ärzten war nicht entgangen, daß eine Beziehung zwischen Wassersucht und Herzbeschwerden vorlag.
Sie errechneten, daß der Mensch 22 636 Atemzüge am Tag macht. Sie wußten vier verschiedene Bauchgeschwüre zu unterscheiden, zwölf Arten von Wurmkrankheiten, acht Arten von Gelbsucht. Aber auch die Zuckerkrankheit war ihnen bekannt.
Die Rauwolfia war ein Mittel gegen die Angst, sie nannten es die "Arznei der traurigen Menschen". Sie kannten auch die Übertragung von Haut, Blasensteinoperationen, Bauchoperationen. Bei uns wurde letztere bis ins 19. Jahrhundert so gut wie nie durchgeführt.
Yoga war wichtig für sie, wußten sie doch, der Geist löst sich dabei mehr und mehr von der Verbindung mit seiner irdischen Hülle. Es entsteht ein Gefühl von Schwerelosigkeit, ein Gefühl der Vereinigung mit dem Weltgeist, dem Überirdischen. "Schade dem Kranken nie, nicht einmal in *Gedanken*. Bemühe dich ständig, dein Wissen zu vervollkommnen". Das war das oberste Gesetz der indianischen Ärzte. In China erkannte man

Krankheiten aus dem Zustand der Zunge oder des Auges. Die Ärzte erkannten auch schon, daß z. B. das Ohr mit der Niere verbunden ist, oder die Lippen mit der Milz. Solche Ansichten sind für die heutige Medizin noch schwer begreiflich.
Rote Arznei war wie das Feuer und sollte daher auf das Herz wirken. Die oberen Teile von Pflanzen schienen von der Natur dazu bestimmt, auf die oberen Körperteile des Menschen zu wirken.
Das Kraut Ephedra wurde schon 2 000 v. Chr. gegen Lungenleiden eingesetzt. *1887* wurde es dann zu einem "modernen" Mittel bei Asthma. Mit Kupfersulfat heilten sie infektiöse Augenkrankheiten. Blutreinigende Wirkung hatte der Schwefel. Der Vogelknöterich wurde auch für Lungenleiden eingesetzt. Er enthält übrigens sehr viel Kieselsäure, deswegen seine gute Heilwirkung. Man verwendete rohes Schweineblut und rohe Leber gegen Blutarmut. Extrakt aus Eselshaut gegen Krampfzustände. Wissenschaftliche Untersuchungen haben ergeben, daß solche Extrakte wirklich helfen. Sie erhöhen damit die Resorbtion von Kalzium im menschlichen Körper. Hautabsonderungen von Kröten = Adrenalin, Bufagin, Bufatalin. Wenn man Schwalbennester kochte, so hatte man ein vorzügliches Stärkungsmittel. Man stellte einen Vitaminreichtum der darin befindlichen Gräser und Algen fest, die die Vögel gesammelt hatten.
Im alten Mexiko benutzte man Kautschuk als Zugpflaster gegen rheumatische Erkrankungen und Rippenfellentzündung. Heilerde wurde auch schon angewandt. Narbenrispen des unreifen Mais sind harntreibend und heilend bei Blasenleiden. Bei hartnäckigen Hautkrankheiten stellten die Ärzte eine Salbe aus Tierfett und Schwefel her.
Alles was vom Magen zur Ernährung des Leibes aufgenommen wird, ist nicht so tot, wie es den Anschein hat.

Denn jede Nahrung besteht neben einem grobmateriellen, aus einem ätherischen Teil. Der materielle Teil der Speisen ist jener, der sichtbar und fühlbar ist und sich in Mund und Nase durch seinen Geschmack und Geruch dem Sinne kundgibt.
Das ganz außerordentlich Fein-Ätherische aber geht völlig geläutert in die Seele des Menschen über. Somit *zieht die Seele von jeder aufgenommenen Nahrung* das ihr Verwandte an sich und wird dadurch in allen ihren dem stofflichen Leib ganz ähnlichen Einzelteilen genährt und gestärkt. *Daher der Einfluß der Ernährungsweise auch auf die seelischen Qualitäten des Menschen."*
"Durch die Homöopathie erhält die Seele ihre Kraft wieder. Sie ergänzt das ihr Fehlende und arbeitet dort seelisch, wo der Allopath materiell seinen Zweck zu erreichen sucht". (Entnommen dem Buch: "Geistige Anatomie des Menschen" von Jakob Lorber). Dieses Wissen existiert seit 1848.
Sicher wundern Sie sich ein wenig, daß ich die alten Ägypter, Inder, Chinesen zitiert habe. Ich habe es deswegen getan, damit Sie sehen können, daß alles gute Wissen schon seit vielen Jahrtausenden bekannt ist. Heutzutage nennt man die Medizin aus der Vergangenheit verächtlich die "Dreckapotheke". Einige ließen sich herab, *beweisen* zu wollen, was für einen Humbug man doch früher in Sachen Medizin gemacht hat. Zur grenzenlosen Bestürzung stellte man dann fest, daß alles stimmte! Ohne Chemie! Wäre es nur Humbug gewesen, wäre die Menschheit sehr rasch ausgestorben. Ich habe mich sogleich gefragt: wenn vor 6 000 Jahren die Menschheit schon so Raubbau an der Natur begangen hätte, Flüsse verseucht, Luft verschmutzt, ein Ozonloch herbeigeführt hätte, was wäre dann aus uns geworden? Die damaligen Ärzte haben immer behutsam mit der Natur gelebt und nicht gegen sie.

Die Berichte von Jakob Lorber sind Durchgaben von Gott! Sie mögen dazu stehen, wie Sie wollen, lieber Leser, ich glaube daran. Nicht nur, weil Wissenschaftler schon längst bewiesen haben, daß es stimmt. Bis jetzt hat nämlich noch keiner von ihnen etwas Gegenteiliges sagen können. Es sind über 10 000 Blätter, die noch lange nicht alle durchforscht worden sind. Ja, einiges Wissen kann man noch nicht beweisen, weil man es bis zur Stunde noch nicht entdeckt hat. Unsere Mittel und unser materialistischer Verstand sind dazu zu gering.
Sie können erst "nein danke" sagen, lieber Leser, wenn Sie begreifen lernen, wie kleinmächtig unsere heutige Medizin ist. Sie ist erst knapp 120 Jahre alt. Vieltausendjahre altes Wissen steht dagegen! Ich würde auf die heutige Medizin hören, wenn sie wirklich heilen könnte!
Ich möchte noch ein kleines Beispiel in Sachen Ernährung bringen. Denken müssen Sie selber!
Prof. Robert Mc Carrison, Universität Oxford, fand bei Ernährungsversuchen mit Ratten folgendes heraus: Er hatte die Ratten in drei Gruppen eingeteilt. Die erste Gruppe erhielt Essen wie die englische Oberschicht. Und alle Ratten bekamen die Krankheiten der englischen Oberschicht. Der nächsten Gruppe wurde das Essen serviert, das die armen Fabrikarbeiter aßen: Tee mit Zucker, billiges Fleisch und weißes Brot. Diese Ratten bekamen alle nur erdenklichen Krankheiten, auch Ekzeme und nervöse Störungen und es gab Rauferei und Lärm in den Käfigen. Sie kämpften gegeneinander und fügten einander Schaden zu. Die Rattenweibchen warfen tote Junge. Hier hatte man wirklich einen schlagenden Beweis dafür, wie es geht, wenn man verkehrt lebt und sich verkehrt ernährt. Die dritte Gruppe Ratten erhielt jene Kost, bei der man alle Stoffe aufnimmt, die man haben muß, um Zellen aufzubauen. Diese Tiere bekamen biodynamisches Gemüse, Wasser ohne Chlor, Licht,

Luft, Bewegung. Das Ergebnis war glänzend. Die Ratten gebaren lebenstüchtige Junge. *Sie lebten in Frieden und Harmonie.*
Übrigens wurde diese Studie schon 1949 durchgeführt! So etwas darf doch nicht an die Öffentlichkeit!

SIND VITAMINE, SPURENELEMENTE UND METALLE WIE MINERALIEN WIRKLICH SO WICHTIG?

In den vorherigen Kapiteln habe ich immer wieder darauf hingewiesen, wie wichtig Vitamine, Spurenelemente und Mineralien für unseren Körper sind. Ich werde nur kurz anreißen können, was sie bewirken und wozu sie da sind. Wir werden noch ein gesondertes Ernährungsbuch schreiben und darauf ausführlich eingehen. Hier würde es den Rahmen des Buches sprengen. Für Sie als Leser ist es von großer Wichtigkeit einfach zu wissen, was in Ihrem Körper vorgeht und womit Sie die einzelnen Vitamine, Spurenelemente und Metalle wie Mineralien zu sich nehmen können.

Alles was der Körper verdaut, also alle Nährstoffe, gelangen erstmal ins Blut. Mit dem Blut erreichen sie alle Körperzellen. Die Zellen besitzen eine erstaunliche Regenerationsfähigkeit, wenn ihnen die *notwendigen* Stoffe zugeführt werden, was wiederum eine gesunde Ernährung voraussetzt. Dazu gehören auch die Vitamine, die zwar selbst keine Nährstoffe sind, aber ohne diese kann der Körper die Nährstoffe nicht richtig verwerten. Sie müssen dem Körper in einem ausgewogenen Verhältnis zugeführt werden. - und außerdem sollten sie *natürlich* sein. Vitamin heißt übersetzt Lebensstoff.

Es besteht ein großer Unterschied zwischen natürlichen und künstlichen Vitaminen. Den künstlichen Vitaminen fehlt der vitale Wert. Sie sind den natürlichen Vitaminen, Mineralstoffen und Enzymen weit unterlegen. Viele künstliche Präparate enthalten nur geringe Mengen Vitamine.

Der menschliche Organismus wurde als Wärmekraftmaschine angesehen. Ebenso wie eine Dampfmaschine mit Brennmaterial versorgt wird, braucht der Körper auch

die Nahrungsmittel als Träger von Heizenergie. Kohlenhydrate (bedeutet übersetzt Leiche), Fette und Eiweiß wurden daher auf ihren Heizwert untersucht.
Man machte schon *1882* eine Studie: Eine Gruppe Tiere wurde mit Milch gefüttert. Jedes Tier bekam die gleiche Menge an Heizwert in Kalorien zugeführt. Die zweite Gruppe erhielt synthetische Milch, ein Gemisch aus Milcheiweiß, Milchzucker, Milchfett und Salzen. Nach dem Heizwert müßten beide Gruppen gleichartig gedeihen, sagten sich die Wissenschaftler. Doch das Gegenteil trat ein. Während die mit frischer Milch gefütterten Tiere frisch und munter wurden, ging die zweite Gruppe ein. Schon damals wußte man also: Es muß in frischer Milch noch ein anderer Stoff (Lebendigkeit) vorhanden sein. 1912 entdeckte man dann die Vitamine.
Bis zum heutigen Tag entschlüpft das Vitamin anscheinend immer wieder dem chemischen Zugriff. Man erhält den Eindruck, daß das Vitamin eine der Substanz übergeordnete Eigenschaft ist. Die Vitamine können auch als Kraftströmungen aufgefaßt werden, die noch nicht in der Substanz fixiert sind. Dies ist schwer zu verstehen, doch wenn man die Schöpfung (Gott) mit einbezieht und begreift, daß er der größte Chemiker ist, ist es ganz klar verständlich.
Vitamine sind Stoffe, die zur besseren Verwertung der Nahrungsmittel im menschlichen Körper unbedingt nötig sind.
Das wußte man schon um 1913. Lassen Sie sich also nie mehr in die Irre führen. Die Wissenschaft weiß seit Jahrzehnten, daß wir die Vitamine für unseren Stoffwechsel brauchen und hilft zugleich fröhlich mit, sie zu vernichten.
Wichtig zu wissen: Es sollte immer alles frisch mit der Nahrung zu sich genommen werden, denn nur Nahrungsmittel liefern Vitamine in naturgemäßer Form. Auf

synthetische Vitamine sollte nur bei Mangelerscheinungen und vermehrtem Bedarf wie bei Krankheiten, Streß und erhöhten Belastungen mit Schadstoffen zurückgegriffen werden. Nicht die Vitaminpille liefert uns diese Vitalstoffe, sondern nur die natürlich gezogene, weitgehend schadstoffreie Düngung, Ernte im unreifen Zustand, optische Korrekturen mit Farbstoffen, Transport, falsche Lagerung, Verarbeitung) enthalten unsere Nahrungsmittel kaum mehr ausreichend Vitamine, so daß viele mit Vitaminen mehr oder weniger unterversorgt sind. Vitamine sind deshalb eventuell zur täglichen Nahrungsergänzung sinnvoll und wichtig. Denken Sie aber daran, daß nur natürliche Vitamine "Lebensstoffe" sind. Künstliche Vitamine sind oft wirkungslos und können manchmal sogar schädlich sein. Verschiedene Kennbuchstaben auf Packung und Beipackzettel geben darüber Auskunft, ob Sie natürliche oder künstliche Vitamine kaufen.
Nur eine Umorientierung in der Landwirtschaft, weg von der heutigen Form des "Raubbaus", der Überdüngung und dem Angebot "kranker" Nahrungsmittel, hin zu einem naturgemäßen Anbau, wird auf dem Weg zur Gesundheit hilfreich sein.
Also beginnen wir mit der Reise und klären uns gründlich auf!

Vitamin A (Retinol)

Vitamin A ist ein Schutzstoff für unseren Organismus. Es arbeitet zusammen mit Zink und besitzt große Bedeutung für Haut und Augen. Es stimuliert die Abwehrzellen und bekämpft damit indirekt die Tumorzellen. Haben Sie eine rauhe oder schuppige Haut, trockenes Haar, leicht abbrechende Nägel, schlechte Zähne, verfrühte Alterserscheinungen, leiden Sie unter den möglichen Folgen einer mangelhaften Vitamin A-Ver-

sorgung. Ein frühes Zeichen für Vitamin A-Mangel ist die "Nachtblindheit", ein erschwertes Sehen bei Dunkelheit.
Wußten Sie auch, daß man durch zu langes Fernsehen Vitamin A-Mangel bekommt? Darüber hinaus ist es für das Wachstum wichtig sowie für unseren Knochenbau. Vitamin A-Mangel im allgemeinen verstärkt die Tendenz zu Krebserkrankungen. In höheren Dosen hat es einen Hemmeffekt auf die Bildung weiblicher Hormone, also einen antiöstrogenen Effekt.
Enthalten ist Vitamin A reichlich in Keimlingen aus Luzerne. 100 g Luzerne haben bis zu 4 400 i. E. (internationale Einheiten). Es kommt darüberhinaus reichlich in Leber, Milch, Butter, Eigelb, Lebertran, sowie in gelben Früchten und dunkelgrünem Blattgemüse vor. Sie finden es auch reichlich in der Brunnenkresse, im Spinat, in der Petersilie, Bohnen, Erbsen, Aprikosen, Pfirsichen, gelben Melonen und Steckrüben. Die Blätter der letzteren und auch die der roten Beete sind große Vitamin A-Spender.
Im Rahmen einer natürlicher Ernährung kann eine Überdosierung niemals stattfinden. Kochen zerstört Vitamin A zu etwa 30%, Frittieren zerstört es ganz. Damit eine optimale Versorgung mit Vitamin A sichergestellt ist, benötigt der Erwachsene mindestens 4 000 i. E. täglich. Therapeutisch jedoch können wesentlich höhere Dosen gegeben werden.

Vitamin B-Komplex

Die B-Vitamine haben wichtige Funktionen für den Stoffwechsel und sind ganz besonders wichtig für den Stoffwechsel *unserer Nervenzellen.* B-Vitamine werden hauptsächlich in den Schalen der Früchte und Samen, vor allem der Körnerfrüchte und auch im Reis

festgestellt. Reisschalen enthalten praktisch alle bekannten B-Vitamine. Seit Kriegsende ist ein merklicher Anstieg der Sterblichkeitsrate aufgrund von weißem Mehl festgestellt worden. Darmkrebs, Herzerkrankungen und Diabetes hängen eng mit einem Vitamin B-Mangel zusammen.
Dem weißen Mehl fehlen die Ballaststoffe. (Unser Mehl ist so tot, daß noch nicht mal Ungeziefer daran geht. Das sollte uns doch zu denken geben!)
Merken Sie sich auch: alle B-Vitamine sind wasserlöslich. Das heißt, beim Kochen befinden sie sich reichlich in der Brühe und nicht mehr in dem Produkt. Daher ist das Kochwasser so wichtig. Nicht fortschütten!
Es kann gesagt werden, daß B-Vitamine nicht irgendein chemischer Stoff sind, sondern ordnende Kräfte. B-Vitamine schaffen also Ordnung innerhalb unseres Organismus.
Die Antibabypille, welche mehrere Vitamine des B-Komplexes indirekt verbraucht (und viele andere ebenfalls!) und ebenso zu Mineralstoff-Störungen führen kann, bewirkt darüberhinaus auch eine Verschiebung des Zink-Kupfer-Gleichgewichts.
Schwefeldioxyd, das vielen Nahrungsmitteln zugesetzt wird, zerstört die B-Vitamine. Auslöser für B-Vitamin-Mangel sind vor allem: ständiger Alkoholmißbrauch, Drogeneinnahme, Fehlernährung, starkes Rauchen und Einnahme von Arzneimitteln.

Vitamin B1 (Thiamin)

Zucker kann ohne Vitamine B1 nicht restlos verbrannt werden.Nervenzellen beziehen ihre Energie fast ausschließlich aus der Verbrennung von Kohlenhydraten , so daß bei ungenügender Zufuhr von Vitamin B1 in erster Linie die Nervenfunktionen gestört werden.

Vitamin B1-Mangel = *Depression.* Begreifen Sie jetzt, warum so viel Zucker schädlich ist? Haben Sie also genug B1, werden die Depressionen beseitigt. Mangel an Vitamin B1 kann auch den Wasserhaushalt stören und zu Akne führen. Vitamin B1 verhindert außerdem Mangelkrankheiten wie Beri-Beri.
Vitamin B1 befindet sich reichlich in Nüssen, Getreidekörnern, Leber, Bierhefe, Weizenkeimen. Es stellen sich bei Mangel außerdem Muskelschmerzen, Nervenentzündungen, Müdigkeit, Appetitlosigkeit sowie Übelkeit ein. Kochen zerstört Vitamin B1 bis zu 50%.

Vitamin B2 (Riboflavin)

Vitamin B2 schützt vor Veränderungen der Schleimhäute, gegen eindringende Krankheitskeime und ist ebenfalls an der Zellatmung beteiligt. Es ist wichtig für normales Wachstum und die Blutbildung, den Eiweiß- und Kohlenhydratstoffwechsel. Mangelerscheinungen können sein: Wundheit, Einreißen der Mundwinkel, rote geschwollene Augenlider, entzündete Zunge, Haarausfall. Dieses Vitamin ist in Steckrüben, Möhren, Brokkoli, Grünkohl, Senfblättern, Brunnenkresse vorhanden.
Kochen zerstört bis zu 50% Vitamin B2.

Vitamin B6 (Pyridoxin)

Vitamin B6 ist gut bei Hautleiden. Es verhilft sogar zu heiteren Träumen. Karpaltunnel-Syndrom-Kranke (Hände verkrüppelt) müssen 50, 100 oder 200 mal so viel Vitamin B6 zu sich nehmen, wie Gesunde. Alkoholiker sind ganz besonders vom Vitamin B6-Mangel betroffen. Bei Mangelerscheinungen kommt es zu einer vermehrten Ausschüttung von Salzsäure und Enzymen. Mangel löst Depressionen, Krämpfe sowie Muskelzuk-

ken (besonders bei Babys) aus. Zusätzliche Symptome können sein: Brechreiz, nervöse Störungen und Migräne. Auch bei der Einnahme von Arzneimitteln können Mangelerscheinungen auftreten. Wer Östrogene (Pille, Hormone) nimmt, kann desgleichen einen Vitamin B6-Mangel bekommen.
Vitamin B6 findet sich ganz besonders in Hefe, grünen Salaten, Erdnüssen, Sojabohnen, sowie Leber und Melasse.
Von Bedeutung ist auch, daß eiweißreiche Nahrung den Verbrauch von Vitamin B6 im Körper deutlich erhöht.

Vitamin B12 (Cyanocobalamin, Extrinsic-Faktor)

Vitamin B12 ist wichtig für die Bildung unserer roten Blutkörperchen und die Zellteilungsvorgänge. Es ist für eine gut funktionierende Abwehr unentbehrlich. Vitamin B12-Mangel verzögert die Wundheilung nach Operationen. Dies wurde in der Universitätsklinik Würzburg nachgewiesen. Fehlt dieses Vitamine im Körper, oder ist ein Mangel vorhanden, wirkt es sich besonders dort aus, wo sich die Zellen normalerweise schnell vermehren, also z. B. im Knochenmark. Insbesondere haben Schwangere einen höheren Bedarf an Vitamin B12.
Besonders empfehlenswerte Träger für Vitamin B12 sind Bierhefe und Eigelb. Weitere Vitamin B12-haltige Nahrungsmittel sind: Fisch, mageres Fleisch, Innereien (von unbelasteten Tieren). Auch ohne Zufuhr von tierischem Eiweiß kann eine ausreichende Versorgung mit Vitamine B12 sichergestellt werden, wenn wir über eine intakte Darmbakterienflora verfügen. Da diese aber in der Regel nicht gewährleistet ist (Folge zivilisatorischer Einflüsse und Ernährungsfehler), empfiehlt sich zumindest bei Kranken eine Ergänzung durch die genannten

Vitamin B12–Lieferanten. Ein chinesisches Sprichwort sagt: Der Darm ist der Vater der Trübsal.
Ein Vitamin B12–Mangel kann zu irreversiblen neurologischen Störungen wie Parästesien (Kribbeln, Prickeln, Taubsein von Händen und Füßen) sowie Verlust des Gedächtnisses und Verwirrtheit führen. Insbesondere führt Alkohol zu einem Kahlschlag bei B–Vitaminen, aber auch bei vielen anderen Vitaminen. Bei älteren Menschen sollte immer an einen Vitamin B12–Mangel gedacht werden (Goodman und Gilman, 1985).

Pantothensäure

Pantothensäure ist Bestandteil aller lebenden Zellen. Es ist notwendig für den Kohlenhydrat– und Eiweißstoffwechsel und für die Fett– und Cholesterinsynthese. Darüber hinaus entgiftet sie die Leber und schützt die Schleimhäute vor Infektionen.
Mangelerscheinungen gelten als selten, sind aber gleichwohl für seelisch Kranke von Bedeutung. Sie äußern sich in Schläfrigkeit, Unlust, Schwäche, Depression, Gefühllosigkeit von Händen und Füßen.
Natürliche Vorkommen sind: Eigelb, Biersäure, grüne Gemüse, Milch und Milchprodukte, Fleisch, Innereien von unbelasteten Tieren, Kartoffeln, Reis, Vollkorn.

Folsäure (Vitamin B11)

Folsäure ist notwendig für die Bildung der roten Blutkörperchen und verhütet bestimmte Anämien. Sie ist unerläßlich für den Aufbau von Aminosäuren.
Mangelerscheinungen äußern sich durch: Irritierbarkeit, Vergeßlichkeit, geistige Ermüdung, Durchfall.

Natürliche Vorkommen: Eigelb, grüne Gemüse, Hefe, Milch und Milchprodukte, Innereien von unbelasteten Tieren. Vollkornprodukte, Nüsse.

Niacin (Nicotinsäureamid)

Niacin ist mit ein weiteres B–Vitamin. Mangel an Niacin führt zu Müdigkeit, Entzündung der Lippenschleimhaut, Schwindel, Kopfschmerzen, Schlaflosigkeit. Er löst die Pellagra ("rauhe Haut") aus.
Natürliche Vorkommen: Hefe, grüne Gemüse, Getreideerzeugnisse, Fleisch, Innereien von unbelasteten Tieren, Muscheln.

Biotin (früher als Vitamin H bezeichnet)

Biotin ist wichtig für die Synthese von Aminosäuren (Eiweißbestandteile).
Mangelerscheinungen führen zu gestörtem Hautstoffwechsel, Haarausfall, Müdigkeit, Appetitlosigkeit
Natürliche Vorkommen: Eigelb, Blumenkohl, Milch und Milchprodukte, Innereien von unbelasteten Tieren, Endivien, Wirsing, Spinat.

Vitamin C (Ascorbinsäure)

Vitamin C ist ein guter Schutzstoff für unseren Organismus. Es trägt außerdem zur Reifung der roten Blutkörperchen bei und ist auch an der Bildung von Nebennierenhormonen beteiligt, erhöht somit die Widerstandskraft gegen Infektionen. 1 – 2 g täglich kann man vorübergehend zur Vermeidung eines Operations–Schocks einnehmen. Gute Einflüsse von Vitamin C werden auch beschrieben bei Arthritis und Rheuma. Diese Patienten haben *immer* zu niedrige Vitamin C–Werte . Vitamin C

ist insbesondere am Aufbau des Kollagens im Körper beteiligt. Auch Alkoholiker leiden unter Vitamin C-Mangel. Vitamin C ist sozusagen der "Mörtel" zwischen unseren Zellbausteinen und hält somit unseren Körper zusammen. Vitamin C ist außerdem lebendiges Licht. Nachgeprüft durch die Kirlianfotografie. Ist Vitamin C in einer Pflanze zerstört, strahlt sie nicht mehr! Darum ist es wichtig, daß wir stets frische Sachen zu uns nehmen. Haben wir einen Mangel an Vitamin C ist es auch schlecht für unsere Zähne sowie das Zahnfleisch. Brüche heilen viel schneller, nimmt man höhere Dosen Vitamin C zu sich. Vitamin C stärkt außerdem unsere Blutgefäßwände. Deswegen kommt es auch bei Vitamin C-Mangel zu blauen Flecken. Weitere Kennzeichen von Vitamin C-Mangelkrankheiten sind häufig, z. B. Nasen- und Zahnfleischbluten, Infektanfälligkeit, gestörte Wund- und Knochenheilung, schnelle körperliche und geistige Ermüdbarkeit. Dies bedeutet, daß Vitamin C hervorragend bei der Heilung von Verbrennungen, Wunden, nach Blinddarm- und Mandeloperationen wirkt.
Wir wissen, daß Leukozyten im Blut als Reiniger wirken, die schädliche Bakterien und Toxine regelrecht verschlingen. Der Wirkungsgrad der Leukozyten wird durch Vitamin C gesteigert. Somit erhöht es den Schutz vor Infektionen. *Die Verwendung von Düngemitteln hat einen negativen Einfluß auf den Vitamin C-Gehalt von Pflanzen.*
Nach acht Tagen Lagerung, vom Pflückdatum an gerechnet, besitzt eine Apfelsine kaum noch Vitamin C. Aber auch durch Waschen, Wärme, Sauerstoff und Licht entsteht hoher Vitamin C-Verlust. Kochen zerstört bis zu 80% das Vitamin C. Wenn man Früchte und Gemüse schneidet, sollte man sie unverzüglich verzehren.
Apfelsinen werden schon lange grün geerntet. Vitamin C wird aber hauptsächlich bei der Reifung gebildet.

Somit sind unreif geerntete Früchte eher als Vitamin C–arm anzusehen. Eine wesentliche Eigenschaft des Vitamin C besteht darin, daß es dem Körper hilft, mit giftigen Stoffen (besonders Schwermetallen wie Aluminium, Kadmium, Quecksilber) besser "fertig" zu werden. Diese Eigenschaften besitzen ebenso Vitamin E und Zink.
Vitamin C ist enthalten in: Frischem Gemüse, Kartoffeln, Hagebutten, Sojabohnen. Es nimmt nach drei Tagen beim Keimen der Vitamin C–Gehalt um das Fünffache zu. Unsere gesunde Erdbeere besitzt mehr Vitamin C als die Zitrone. Auch biologisches Sauerkraut ist reich an Vitamin C. Es reinigt das Blut von Schlacken, beseitigt die Fäulnisbakterien im Darm, fördert das Wachstum der physiologischen Darmbakterienflora.
Beim Kauf von Vitamin C achte man unbedingt darauf, natürliches Vitamin C (L–Ascorbinsäure) zu bekommen. Dieses stammt z. B. von der Acerolakirsche (ergiebigste natürliche Vitamin C–Quelle) und hat die biologische Wertigkeit 1. Orangen und Zitronen enthalten im Vergleich zu Hagebutten (1 500 mg /100 g) und Sanddornbeere (450 mg/100 g) selbst bei erntefrischer Verwendung wesentlich weniger Vitamin C (50 - 189 mg/100 g). Wie bei anderen Vitaminen auch, ist die Gabe natürlicher C–Vitamine der Zufuhr von künstlichem Vitamin C auf jeden Fall vorzuziehen!

Vitamin E (Tocopherole)

Auch Vitamin E ist ein hervorragender Schutzstoff für unseren Organismus. Es hält außerdem den Alterungsprozeß auf ("Rostschutzmittel" für den Körper). Vitamin E hat sich als guter Strahlenschutz erwiesen. Es gilt als "Fänger von freien Radikalen, die als Zellgifte wirken" (Studie von Prof. Böhlau, Bad Soden). Vitamin E ver–

hindert auch das sogenannte "Ranzigwerden" von Fettsäuren. Es wirkt krebshemmend. Dieses Vitamin schützt ganz besonders die Zellmembranen, da es sich an den Fettsäurestellen der Zellwand absetzt. Doch kein gesunder Mensch muß Vitamin E in Pillenform nehmen, so er Vitamin E–reiche Nahrung zu sich nimmt.
Vitamin E ist in Ölen, Butter, Nüssen, Getreide und frischem Gemüse vorhanden. Besonders in Weizenkeimöl. Leidet man unter Strahlenverbrennungen, sollte man diese mit Weizenkeimöl einstreichen. Aber auch normale Op–Narben heilen durch Einstreichen mit Weizenkeimöl viel schneller. Luzerne haben auch viel Vitamin E. Wie bei anderen Vitaminen auch, sollte auch hier die natürliche Form dieses Vitamins bevorzugt werden.

Jetzt kommen wir zu den Mineralen und Spurenelementen. Sie müssen lernen, welche Mineralien für Sie gut oder schädlich sind.

Eisen

Damit der Sauerstofftransport im Blut und somit auch die Verbrennung richtig funktionieren, ist Eisen in unserem Körper lebenswichtig. Leiden wir unter Eisenmangel, ist die Lebensdauer der roten Blutkörperchen verkürzt. Chronischer Eisenmangel führt zu Organschädigungen, allgemein Zellschädigung. Tote Blutkörperchen enthalten Eisen. Dieses wird vom Organismus wieder verwertet und gespeichert um neuerlich bei der Bildung roter Blutkörperchen verwendet zu werden.
Ein gut funktionierender Stoffwechsel ist lebenswichtig. Wir verlieren täglich 1 Milligramm Eisen. Das Eisen im Blut ermöglicht uns, unsere *Persönlichkeit* zu verankern. Ohne Eisen keine Geistesgegenwart. Sagt man nicht von einem zielbewußten Menschen, er habe Stahl im Blut?

Das Eisen neutralisiert darüberhinaus alles Cyan in unserem Körper indem es dieses in einen ungiftigen Stoff verwandelt. Wenn das Eisen diese Eigenschaft nicht hätte, würden wir uns jede Sekunde vergiften, denn im Laufe der Verdauung entstehen fortlaufend Cyanverbindungen, die durch das Eisen des Blutes im Moment der Entstehung entgiftet werden.
Das Eisen sollte mit der Nahrung aufgenommen werden. Es befindet sich in Feldsalat, Linsen, Rotkohl, Beeren, Rosinen, Leber, Trauben, Birnen, Zwiebeln, Spargel, Radieschenblättern. Auch in der Brennessel ist Eisen vorhanden.

Jod

Das Jod wird von unserer Schilddrüse zur Produktion der Schilddrüsenhormone gebraucht. Es nimmt auf unser Wachstum, unsere *seelische* und unsere körperliche Entwicklung entscheidenden Einfluß. Durch Mangel oder Überfluß von Jod in der Ernährung können auf dem Umweg über die Schilddrüse (Kropf, Unter- oder Überfunktion) die *verschiedensten psychischen* Behinderungen auftreten. Eine tägliche Menge von 150 Mikrogramm reicht schon aus. Jod befindet sich in Seetang und Algen. Jodhaltiges Vollmeersalz kostet nur ein paar Pfennige mehr als gewöhnliches. Deutschland ist Jodmangelgebiet.

Kalium

Kalium ist vor allem für die bioelektrische Übertragung von Impulsen in den Nerven und von diesen auf die Muskeln wichtig. 1948 hat man schon festgestellt, daß die Gemüse weniger Kalium enthalten, wenn sie künstliche Düngung erhalten. Wir leiden fast alle an einem

akuten Kaliummangel. Ein niedriger Kaliumspiegel ruft Herzrhythmusstörungen hervor, die zu Herzversagen führen können. Kalium trägt außerdem zur Wasserausscheidung bei, durchspült sozusagen die Blut- und Organzellen. Kalium gehört damit zu den lebenswichtigsten Mineralien. Mangel an Kalium bringt auch die Leber in Gefahr!
Kalium ist enthalten in: Aprikosen, Birnen, Kirschen, Pfirsichen, Pflaumen, grünen Bohnen, Erbsen, Karotten, Spinat, Spargel, Bierhefe, Kartoffeln, Dill, Grünkohl, Linsen, Sojabohnen, Spinat, Erdnüssen, Haselnüssen, Kastanien, Mandeln, Hagebutten.

Kalzium

Die wichtigste Funktion von Kalzium ist die Bildung unserer Knochen. Es ist verantwortlich für die Steuerung des Zellstoffwechsels und die Weiterleitung von Impulsen in den Nerven. Die Schulmedizin behauptet, Kalzium trage zur Arterienverkalkung bei. Das Gegenteil ist der Fall. Wenn nämlich Kalziummangel im Körper besteht, löst der Organismus Kalk aus den Knochen. Er "frißt" sozusagen seine eigenen Knochen auf, um den für die inneren Körpersäfte notwendigen Kalk zu beschaffen. Darum ist es so wichtig, daß man eine kalziumreiche Kost zu sich nimmt. Besonders ältere Menschen sollten darauf achten. Kalkmangel ist oft die Ursache mancher Erkrankungen wie Blutarmut, Säurevergiftung, *nervöse Entkräftung.* Nimmt er nicht genügend Kalzium zu sich, bekommt der ältere Mensch spröde Knochen. 99% des Kalziums ist in den Knochen, der Rest ist in Blut, Nerven und Muskeln verteilt.
Hochwüchsige Menschen sollen sehr kalziumreiche Kost zu sich nehmen. Ab dem 40. Lebensjahr wird etwas Kalzium aus den Knochen abgebaut. Das Kalzium hat

die Aufgabe des Portiers in unserem Körper. Störung der Schleusenfunktion des Darmes, erhöhte Blutkalziumwerte bedeuten eine schwere allgemeine Stoffwechselentgleisung und daß die Bereitstellung von energiereichen Phosphaten gestört ist. Die Nebenschilddrüsen regulieren den Kalziumhaushalt. Vitamin D fördert die Aufnahme von Kalzium.
Kalzium ist enthalten in: Sahne, Butter, Kirschen, Aprikosen, grünen Bohnen, grünen Küchenkräutern, Grünkohl, Edelkastanien, Mandeln, Pistazien, Sardinen, Wirsing, Vollmehl, Schnittlauch. 100 Gramm Sesamsprossen enthalten z. B. 1 025 mg Kalzium. Ein halber Liter Milch dagegen nur 500 mg. Gut zu wissen, daß es auch in Fischgräten vorhanden ist und man sich "vorbeugende Maßnahmen" anessen kann. Der tägliche Bedarf wird mit 1 000 mg angegeben.

Silizium (Kieselsäure)

Silizium ist die wichtigste Substanz des menschlichen und tierischen Stützgewebes. Man braucht es außerdem zur Umhüllung der Organe, zum Aufbau der Zellmembranen, für die Wände der Blutgefäße und die Wände von Magen und Darm. Aber auch das *Nervengewebe* benötigt Silizium. Bei *Nervenschwäche* liegt auch immer ein *Kieselsäuremangel* vor.
Das Kieselsäuregeschehen in unserem Körper scheint weit umfassender zu sein, als uns bis jetzt bewußt wurde. Auch am *Denkprozeß muß es in weitem Umfang beteiligt sein. Darauf weist der hohe Siliziumgehalt des Gehirns hin.* (Brecht, "Deine Ernährung ist dein Schicksal"). Kinder, die an Kieselsäure-Mangel leiden, bekommen rasch geschwollene Drüsen.
Hafer enthält viel Silizium in Form von Kieselsäure und hat somit einen anregenden Einfluß auf Knochen, Knor-

pel und Bandscheibe. Zinnkrauttee besitzt sehr viel Kieselsäure. Auch der Vogelknöterich enthält sehr viel Kieselsäure. Das wußten schon die alten Chinesen. Haben wir ausreichend Kieselsäure im Körper, besitzen wir auch eine frisch aussehende Haut.

Kobalt

Kobalt ist ein wichtiger Bestandteil des Vitamin B12. Kobalt aktiviert eine Vielzahl von Enzymen und verbessert die Eiweißsynthese, sowie die Jodaufnahmefähigkeit der Schilddrüse. Es kommt in unserem Buchweizen vor. Täglich benötigt unser Organismus 0,3 mg Kobalt. Wir können es auch über Hülsenfrüchte, Nüsse, Feigen und grünes frisches Gemüse zu uns nehmen. Begreifen Sie jetzt, wie wichtig es ist, daß man frische Produkte zu sich nimmt?

Mangan

Mangan ist ein lebenswichtiges Element und hat viele Funktionen im Stoffwechsel. Es ist notwendig für normales Knochenwachstum und verhütet Sterilität. Wenn man Manganmangel hat, bekommt man Diabetessymptome. Sie können also ganz falsch behandelt werden! Sie werden zu einem Diabetiker gestempelt und haben möglicherweise nur einen Manganmangel im Körper, der behoben werden könnte.
Wer unter Kleinwuchs leidet, hat auch Manganmangel vorzuweisen. Die Bauchspeicheldrüse wird geschwächt. Mangan ist ein ständiger Begleiter des Eisens. Mangan befindet sich in Eigelb, Ananas, Bananen, Getreide, Hülsenfrüchten und in Kräutertees.

Kupfer

Kupfer erleichtert die Aufnahme von Eisen und Vitamin C und ist notwendig zur Produktion von Hormonen. Es ist wichtig bei Heilungsprozessen. Kupferüberschuß begünstigt Fettsucht, Zuckerkrankheit, Leber- und Nierenerkrankungen sowie hohen Blutdruck und Gelenkrheuma. Ein Kupferanstieg im Blut ist Hinweis auf eine Entzündung im Körper. Ein Kupfermangel kann zu Verhaltensstörungen (Explosivität, Unberechenbarkeit), Schizophrenie und Depressionen führen. (Wie Sie Ihre Werte erfahren können, wird in diesem Buch noch angegeben.)
Natürliche Vorkommen: Eier, Vollgetreide, Linsen, Knoblauch, Zwiebeln, Kohl.

Magnesium

Magnesium ist eines der wichtigsten Minerale, die wir zu uns nehmen müssen, wenn wir nicht krank werden und bleiben wollen. Magnesium ist Bestandteil von Knochen und Zähnen. Es beeinflußt nicht nur die Impulsleitungen in den Nerven, sondern entpuppt sich als Anti-Streß-Mittel. Lärm und Streß werden also viel besser vertragen, wenn Magnesium in ausreichender Menge im Körper vorhanden ist. Industriearbeiter sollten darüber nachdenken. Magnesium reguliert erhöhten Blutdruck und kann vor vorzeitiger Arterienverkalkung schützen. Alkohol senkt den Magnesiumspiegel.
Magnesiummangel ist weitverbreitet und verursacht auch Muskelkrämpfe, Müdigkeit, *Depressionen.* Magnesium wird auch häufig in Abführmitteln verwendet. Es besitzt Schiebekräfte und ist darum eine milde Basis. Hauschka schreibt darüber folgendes: "Die unerhört innige Beziehung des Magnesiums zum Licht gibt uns die Erklärung

für seine Anwesenheit im Chlorophyll (Blattgrün). Das Magnesium schiebt gewissermaßen das Licht in die Verdichtung der Stärke und Zellulose. Die geschilderte Dynamik wirkt sich im menschlichen Organismus überall dort aus, wo Festeres am Flüssigeren abgesondert oder herausgeschoben wird. Das ist vor allem in der Verdauung der Fall, wo aus dem Speisebrei die Schlacke herausgeschoben werden muß. Die drastische Wirkung medikamentös eingenommenem Bittersalz (Magnesiumsulfat) zeigt, wie sehr diese Prozesse mit dem Magnesium zusammenhängen".

Wichtig zu wissen ist auch, daß manche Nahrungsmittel Magnesium *binden.* Übertriebene Quarkkost ist aus diesem Grund nicht gut!

Magnesiummangel kann Herzinfarkt verursachen. Ebenso auch, daß die Elektrische Spannung in der Zelle gesenkt wird. Dadurch *begünstigt der Magnesiummangel die Übersäuerung im Gewebe.* (Im Kapitel Übersäuerung und Psyche wird darauf eingegangen).

Hat man genügend Magnesium im Organismus, senkt sich auch der Cholesterinspiegel wieder, sollte er überhöht sein. Magnesiummangel wirkt sich auch auf den Phosphathaushalt aus. Weil bei Mangel die Zellatmung verringert wird, werden viele Heilvorgänge im Körper erheblich geschwächt.

Magnesium befindet sich in: Weizenkeimlingen, Vollreis, weißen Bohnen, Linsen, Hafer, Dill, Erdnüssen, Hagebutten, Gurken, Rettich. Magnesium befindet sich besonders in biologisch gezogenen Gemüsen, da es das zentrale Atom im Chlorophyllmolekül ist. Gedüngte Böden sind magnesiumarm. Nehmen Sie aber gleichzeitig viel tierisches Eiweiß zu sich, wird die Aufnahme von Magnesium durch den Darm gehemmt. Auch die Kokosnuß hat viel Magnesium. Magnesium ist nur in den frischen Produkten und nicht in zerkochtem Essen vorhanden. Jetzt denken Sie mal daran, was für Essen in den Krankenhäusern angeboten wird!

Selen

Jeder Mensch mit einer niedrigen Selenzufuhr leidet an Erschöpfung, *Niedergeschlagenheit,* Frauen an stärkeren Beschwerden in der Menopause. Es vermag den Alterungsprozeß aufzuhalten und ist hilfreich bei Arterienverkalkung. Männer brauchen es ganz besonders. Durch Samenabgang verliert der Mann viel Selen. Es ist auch wichtig für die Instandhaltung unseres Gefäßsystems. Außerdem ist es entzündungshemmend.
Selen befindet sich in: Champignons, Datteln, Eiern, Thunfisch, Hafer, Sesam, Spargel, Weizen, Bierhefe, Vollkorn, Knoblauch, Vollreis.

Zink

Zink ist nicht nur ein Schutzstoff für unseren Organismus, sondern auch sehr wichtig für die Giftausscheidung. Es spielt eine große Rolle bei der Diabetesbehandlung und ist sehr hilfreich bei der Wundheilung. Zink ist auch wichtig für die geistige Leistungsfähigkeit. Ein Zinkmangel in Zusammenhang mit erhöhten Kupferwerten deutet auf eine *Störung des Nervensystems* hin. Auch für die Enzymfunktionen ist es wichtig.
Im medizinischen Bereich ist Zink als wesentliches Element sehr spät erkannt worden, und die Geschichte seiner klinischen Bedeutung beginnt erst Mitte der 50er Jahre. Es hilft gut bei Streß. Bei Verbrennungen ist ein rapider Zinkmangel zu beobachten. Die Zahl der Lymphozyten (Abwehrzellen in unserem Organismus) ist bei Zinkmangel reduziert.

Durch antagonistische (gegenseitige Ausschließung) Wechselbeziehungen können eine Reihe von Mineralstoffen, insbesondere Kalzium, Phosphor und verschiedene Schwermetalle, die Aufnahme des Zinks aus der Nahrung erheblich beeinträchtigen. Ganz besonders können Zink und Kupfer sich wechselseitig beeinflussen. Die Kenntnis der biologischen Bedeutung von Zink ist relativ neu. Zinkverlust entsteht auch unter *psychologischen* Bedingungen. Ist der Zinkhaushalt gestört, findet eine erhöhte Aufnahme von z. B. Kupfer und Cadmium statt. Manche Fälle von Impotenz beruhen auf einer Störung des Zinkstoffwechsels. Wichtig zu wissen, daß *bereits wenige Stunden nach Beginn einer Infektion oder Eintritt eines Schocks,* ein Zinkmangel eintritt. Man muß daher annehmen, daß bestimmte Gewebe besonders empfindlich auf Zinkmangel reagieren. Der Arzt Wilhelm Schüssler stellte *vor über 100 Jahren die Theorie auf, daß ein Ungleichgewicht oder Mangel gewisser Mineralsubstanzen in den Zellen eine Funktions- und Gesundheitsstörung des ganzen Organismus verursachen.*

Zink ist für die Umwandlung von Provitamin A (Beta-Karotin) zu Vitamin A unbedingt notwendig.

Die Antibabypille führt zu einer Verringerung von Zink in unserem Körper. Sie sehen also, Zink hat im Rahmen des menschlichen Organismus eine ausgesprochene Schlüsselposition. Mangel führt zu offenen Beinen, Unterschenkelgeschwüren. Bei unbehandelten Epilepsien fand man niedrige Zinkwerte. Zinkmangel macht in der Nacht schlaflos und am Tag ist man schläfrig. Alkoholiker haben meistens einen Zinkmangel.

Zink ist in Mandeln und Zuckerrüben enthalten Deswegen sind drei süße Mandeln täglich so wichtig. Ausreichende Vorkommen an Zink finden sich in Weizenkleie, Weizenvollmehl sowie in Bohnen, Erbsen, Linsen,

Haferflocken, und Innereien wie Leber, Niere und Herz. Ganz besonders viel Zink befindet sich mit 100 mg pro 100 g in Atlantikaustern.
Die Zinkaufnahme hängt also entscheidend mit der richtigen Nahrungsauswahl zusammen. Darum ist es auch wichtig, daß beim Fasten kein Zinkmangel entsteht. Die Nahrung auch aus Klinikküchen deckt nicht den täglichen Bedarf an Zink ab. Das weiß man schon lange.

Phosphor

Phosphor ist die Grundlage für die Bildung von Eiweiß. Phosphate spielen in unserem Blutplasma eine wichtige Rolle. Sie sind für die Aufrechterhaltung eines geeigneten *Säure–Basen–Gleichgewichts* verantwortlich. Aus diesem Grunde wird bei einem Anstieg des Kalziumspiegels von den Nieren mehr Phosphor ausgeschieden. Fällt der Kalziumspiegel ab, wird Phosphor im Körper zurückgehalten. Dieses sehr empfindsame Gleichgewicht wird durch die Nebenschilddrüse im Körper reguliert. Einziger Anlaß für das Auftreten eines Kalziummangels können Nierenerkrankungen oder Störungen im Vitamin D–Stoffwechsel sein.
Ist der Phosphorhaushalt nicht gestört, ist unser intellektuelles und körperliches Selbstbewußtsein in Ordnung. Das Phosphor wirkt auch auf den Haushalt von Kalium und Magnesium ein. Mit Streß zusammen verursacht es dann Muskelstoffwechselstörungen. (14 wissenschaftliche Arbeiten sind schon darüber geschrieben worden).
Der Arzt Sely, USA, schrieb schon 1958: "Es ist unbegreiflich, daß Unsummen für den Ersatz von ruinierten Herzen ausgegeben werden, doch dieser Zusammenhang aber niemals nachgeprüft wurde, daß ein gestörter Phosphorhaushalt für alle Erkrankungen des Herzmuskels zuständig ist. Zuviel Phosphor ruft bei Kindern oft

Verhaltensstörungen hervor, bis zur gesteigerten Aggressivität. Unsere Nervensubstanz ist nämlich phosphorhaltiges Eiweiß.
Unser Waschmittel ist oft phosphorhaltig. Backpulver besteht zur Hälfte aus Phosphat. Nüsse und Kakao wirken durch ihren hohen Gehalt an organischen Phosphaten und werden deshalb oft als *Gehirnnahrung gepriesen.* Das stimmt ganz und gar nicht. Wir werden mit Phosphatzusätzen einfach überflutet. Z. B. befindet es sich im Speiseeis, in Getränken. Es steigert dadurch den Geschmack und diese Getränke schmecken dann nach mehr!!! Auch die Milch enthält zu viel Phosphat. Zu viel Phosphor treibt zusammen mit dem Hormon der Nebenschilddrüse Kalzium aus den Knochen aus." (Seyle, USA, 1958).
Die Phosphate haben in den letzten 20 Jahren in unseren Nahrungsmitteln um 300 % zugenommen! Die Landwirte bringen übermäßig viel Phosphatdünger auf Ihre Äcker. Viele Nahrungsmittel werden einfach mit Phosphat verarbeitet, um sie schmackhafter und damit verkäuflicher zu machen. Verschiedenen Fleischwaren (z. B. Würstchen) wird zur Erhöhung des Wasserbindungsvermögens Phosphat zugesetzt. Dies braucht nicht auf der Verpackung angegeben zu werden.
Ein Zuviel an Phosphat im Körper verursacht Aggressivität! Das sollte uns doch wirklich nachdenklich stimmen!

Jetzt kommen wir zu den toxischen, d. h. giftigen Mineralen und Spurenelementen.

Aluminium

Aluminium ist ein giftiges Schwermetall und für unseren Körper schädlich. Es wird aber trotzdem sehr häufig in

zu hohen Mengen aufgenommen. Zum Beispiel ist es in einer Reihe von Nahrungsmitteln zu finden: Sie lesen richtig, in Nahrungsmitteln! Z. B. in Wasser, in Getränken wie Cola, aber auch in Medikamenten kann man es antreffen. Man sollte im übrigen auch kein Kochgeschirr aus Aluminium benutzen. Leider werden auch Aluminium–Salze bei der Käseherstellung benutzt.
Die Wissenschaft sieht Zusammenhänge zwischen Lernschwierigkeiten, schlechter Sinneswahrnehmung und erhöhten Aluminiumwerten im Körper. In den USA weiß man schon lange, daß Aluminium weitaus gesundheitsschädlicher ist als allgemein angenommen wird. Die Alzheimersche Krankheit fordert schon 60 000 bis 90 000 Todesfälle pro Jahr. 6 bis 7 Millionen Amerikaner sind schon von dieser Krankheit befallen. Alle Gehirnzellen dieser Patienten weisen zu hohe Aluminiumwerte auf. *Aluminium beeinflußt somit die Nervenzellen des Gehirns.* Aber auch der Stoffwechsel wird dadurch beeinflußt. Besonders Dialysepatienten leiden unter einer Aluminiumbelastung. Während der Dialyse werden, um Phosphor abzubauen, allgemein Aluminiumsalze verwendet. Diese Salze können wiederum zum Tode durch *Aluminiumvergiftung* führen. Aluminium befindet sich auch in den berühmten Cheeseburgern, in Deodorantien, Medikamenten, Zahnpasten, Backpulvern. Auch in Alufolien gekochte Speisen sind schädlich.
Um Aluminium aus dem Körper zu entfernen, sind Vitamin C, Magnesium und Zink notwendig.

Blei

Auch Blei ist ein giftiges Schwermetall. Eine akute Bleivergiftung wirkt sich hauptsächlich im *Gehirn* und in den *Nervenzellen* aus. Dadurch, daß es die Hirnfunktionen beeinflußt, kann es zu geistiger Konfusion,

Halluzinationen, Gehör- und Geschmacksschwierigkeiten führen. Schulkinder mit erhöhten Bleiwerten leiden oft unter Lernschwierigkeiten. Blei schwächt die Widerstandsfähigkeit. Außerdem bindet sich bei Überschuß das Blei an die roten Blutkörperchen, wodurch sich der Sauerstofftransport verringert. Dies führt zu schwerwiegenden Erkrankungen. Durch zuviel Blei im Körper kommt es zu einer *Persönlichkeitsveränderung.* Es kann ebenfalls zu Lähmungen wie zu Erbschäden kommen. Das Blei wird in der Regel bis zu 90 % in den Knochen als Bleiphosphat abgelagert. Dort ist es zunächst unschädlich. Doch können die Knochen bei *Streß,* Fieber oder im Alter eine größere Menge Blei an das Blut abgeben. Blei befindet sich in Suppenpulvern und -würfeln und Dosenmilch (nachzulesen in "Chemie in Lebensmitteln", Verlag Zweitausend).
Mit Vitamin C, Vitamin E, Zink und Kalzium kann man Blei aus dem Körper entfernen.

Kadmium

Toxische Kadmiumbelastungen, heute relativ häufig, begünstigen neben Hyperaktivität eine Vielzahl weiterer nichtneurologischer Symptome, z. B. Bluthochdruck, Arteriosklerose und Nierenerkrankungen. Hohe Belastungen ergeben sich durch Umweltverschmutzung, belastete Nahrungsmittel und Rauchen.

Sie haben jetzt eine Menge über die einzelnen Vitamine, Minerale und Spurenelemente erfahren. Hoffentlich begreifen Sie jetzt, daß wir dann nicht mehr krank werden müssen, wenn unser Vitamin-/Spurenelemte-Haushalt in Ordnung ist. Oder, daß wir uns wieder "gesundessen" können.

Viele Bürger dieses Landes erhalten von ihren Ärzten kombinierte Herz- und Abführmittel. Hat Ihr Arzt Sie schon mal darauf aufmerksam gemacht, daß diese beiden Mittel zusammen lebenswichtige Salze wie Natrium und Kalium Ihrem Körper entziehen? Daß es dadurch zu einer Elektrolytstörung kommt? (Münzinger-Ruef "So stärken Sie Ihr Immunsystem"). Dadurch treten abermals Schädigungen des Herzens sowie der Darmschleimhaut auf. Also das Mittel, das Sie für Ihr Leiden bekommen, verstärkt dieses auf die Dauer noch mehr.

Wenn Sie zu einem Arzt kommen, fragt dieser Sie jedesmal: "Ja wo fehlt es Ihnen denn?" und denkt sich nichts dabei.

Dem Patienten fehlt im wahrsten Sinne des Wortes wirklich etwas! Und zwar ein Spurenelement oder ein Mineral oder ein Vitamin! Der Arzt fragt also richtig, behandelt aber dann den Patienten nach dem Motto: "Was hat er denn?"

Doch lesen Sie jetzt weiter, was die Übersäuerung mit unserer Psyche zu tun hat!

SO KONTROLLIERT MAN SEINEN SÄURE-BASEN-HAUSHALT

Viele Zivilisationskrankheiten werden durch chronische Übersäuerungsprozesse in unserem Körper hervorgerufen. Die sogenannten Verschleißerkrankungen der Gelenke (Arthrosen und Wirbelsäulenschäden) sind ebenso Begleiterscheinungen einer chronischen Stoffwechselstörung durch Übersäuerung, wie Herzinfarkt, unblutige Schlaganfälle und Hörstürze. Auch *psychisches Wohlbefinden* hängt in hohem Maße von einem geregelten Säure-/Basenhaushalt ab. Da die Übersäuerung einen Mangel an Vitaminen und Mineralstoffen bedingt, und dieser wiederum Ursache verschiedener Nervenkrankheiten ist, gehört eine ausgeglichene Stoffwechsellage bezüglich der Säuren und Basen in unserem Körper zur Voraussetzung für psychisches Wohlbefinden und zur Besserung von neurologischen Krankheitsbildern.
Wegen der Bedeutung der Stoffwechsellage für unsere Gesundheit im physischen und psychischen Bereich kann die Kontrolle des Säure-/Basenhaushalts nicht nur Fachleuten vorbehalten sein. Jeder Laie sollte sie beherrschen, um so selbst seine Stoffwechsellage kontrollieren zu können. Da die Messung einfach durchzuführen ist und keinerlei Apparaturen beansprucht, ist sie von jedem Laien einfach zu handhaben.
Benötigt werden Teststreifen für die Messung der ph-Werte von 5,2 - 7,4, zu beziehen in jeder Apotheke (Indikatorpapier, Sternapotheke 7340 Geislingen). Mit diesen Teststreifen wird der Urin getestet. Am besten sind drei bis vier Messungen über den Tag verteilt, um eine Art Tagesprofil zu erhalten. Der Wert von 7,0 zeigt eine neutrale Stoffwechsellage an, Optimal sind leicht basische Werte im Bereich von Ph 7,4 (Der Teststreifen verfärbt sich stark violett). Ein Baby oder stoffwechsel

gesundes Kind hat immer einen basischen Urin. Hier können die Ph–Werte bis 8,5 gehen. Je höher der Ph-Wert, desto basischer ist der Urin, je niedriger, desto saurer. Bei Erwachsenen finden wir fast ausschließlich saure ph–Werte als Hinweis auf eine Übersäuerung des Körpers und ungenügende Ausscheidung von sauren Stoffwechselschlacken.
Ein saurer Urin wird in Lehrbüchern der Medizin als Norm angegeben. Jedoch hat ein Mensch mit blühender Gesundheit als Ausdruck eines gesunden Stoffwechsels nicht saure sondern basische Ph–Werte.
Macht man mehrere Ph–Messungen am Tage, so findet man zum Teil deutliche Schwankungen der Meßwerte durch Ernährungseinflüsse, Sauerstoffaufnahme, durch körperliche Bewegung und psychische Einflüsse. Menschen, die ständig niedrige Ph–Werte haben, etwa Werte im Bereich von 5,2 bis 6,2, gehören zu den Leuten, die gehäuft an körperlichen und auch *psychischen Krankheiten* leiden. Das Ausmaß und die Dauer einer Übersäuerung entscheiden über die Schnelligkeit von Alterungsprozessen, Organschäden und psychischen Krankheitsprozessen. Anders ausgedrückt: eine optimale psychische Verfassung kann nicht mit einer ständigen Übersäuerung (niedrigen Ph–Werten) einhergehen. Voraussetzung für eine dauerhafte Stabilität ist eine überwiegend basische Stoffwechsellage.
Es sollten von den Ph–Meßwerten am Tage wenigstens zwei einen optimalen Ph–Wert von etwa 7,4, also leicht basisch, anzeigen. Erst dann kann auf lange Sicht das Freisein von körperlichen und psychischen Erkrankungen möglich sein. Denn Abweichungen der Ph–Werte in den sauren Bereich sind kombiniert mit Mangelzuständen auch an Vitaminen und Mineralen. Und was dies wiederum bedeutet bei der Entstehung von Gemütskrankheiten, wurde ja schon eingehend beschrieben. Mit

der Kontrolle der Ph–Werte ist mit wenig Aufwand die Möglichkeit gegeben, Entgleisungen im Stoffwechsel zu erkennen und zu beheben.

Übersäuerung der Psyche

Die moderne Zivilisation sieht sich nicht nur einer gewissen Anzahl an schwerwiegenden "Geisteskrankheiten" gegenüber, sondern noch mehr einem Heer von Depressiven, Lustlosen, Antriebsarmen und Schlafgestörten. Das Problem der Depression ist in vielen Fällen ein Alterungsproblem. Vorgezogene Alterung und Vergreisung - für unsere Zivilisation normal -ist das Problem der Industrienationen und der Altersmedizin, genauso wie der Betroffenen selbst und deren Angehörigen. Viele von uns glauben ja, daß die moderne Zivilisation unserer Gesundheit viele Vorteile bringe. Denn schließlich, so argumentieren sie, werden wir ja wesentlich älter als früher. Aber was ist das für ein Lebensabend, den ein Drittel von uns mit zunehmendem Altersschwachsinn oder pflegebedürftig in Heimen verbringen muß. Oh schöne Zeit des Ruhestands! Andere, die ihre geistige Leistungskraft bis ins hohe Alter erhalten haben, plagen sich mit allerlei körperlichen Gebrechen wie Krebs, Rheuma, Herzinfarkt, Hörstörungen, Sehschwäche, Zuckerkrankheit, Durchblutungsstörungen usw. herum. Wenn das die Früchte unserer Zivilisation sein sollen, könnte mancher von uns gern auf sie verzichten.
In der Tat trifft es zu, daß die Durchschnittsbevölkerung in den letzten Generationen erheblich älter wird. Allerdings unter Inkaufnahme der oben erwähnten körperlichen und geistigen Gebrechen. Betrachtet man jedoch das Alter eines 45–jährigen, so wird man feststellen, daß der 45–jährige auch heute keine längere Lebenserwar-

tung besitzt als unsere Vorfahren. Die relativ kurze *durchschnittliche* Lebenserwartung früherer Generationen beruhte auf der hohen Zahl an Infektionskrankheiten wie z. B. Tuberkulose, sowie auf der hohen Säuglingssterblichkeit. Beides war die Folge von Unkenntnissen über Infektionskrankheiten, Mangelernährung und zusammengepferchter Lebensweise. Bei den Naturvölkern, wo weiträumige Lebensbereiche die Regel waren, traten diese Krankheiten kaum auf. So ist auch die verkürzte Lebenserwartung früherer Generationen bereits die negative Folge zivilisatorischer Einflüsse.

Der alternde Mensch von heute ist in der Regel ein lustloser, depressiver, schlafgestörter Bürger, der nahezu regelmäßig zum Verbraucher von stimmungsaufhellenden, beruhigenden oder schlaffördernden Psychodrogen wird. Die Pharmaindustrie und auch die Medizin betrachten ihn als zu behandelndes Subjekt. Die Chance, sich dem Teufelskreis von Drogen, Gewöhnung und Abhängigkeit zu entziehen, ist gering.

Depressionen sind aber nicht nur Vorrecht alternder Menschen, sondern auch Kinder, Jugendliche und Erwachsene des mittleren Lebensalters werden zunehmend betroffen.

Stoffwechsel und Ernährung spielen in weiten Bereichen in das Krankheitsbild der Depression hinein. Selten sind es aktuelle Konflikte, die einem das Leben erschweren. Bei vielen Depressionen sind äußere Anlässe in keiner Form zu erkennen, so daß wir von innen kommenden (endogenen) Depressionen sprechen. Die Beschreibung "endogene Depression" bedeutet aber letztendlich nur, daß niemand weiß, woher die Schwermut, Verdrossenheit und Lebensangst dieser Menschen kommt. Gleichwohl muß es natürlich Ursachen für diese Krankheitsgeschehen geben. Denn nichts in der Welt ist ohne Ursache. Und da sich die Fachbereiche Neurologie und

Psychiatrie mit Ernährung so gut wie nicht befassen, werden sie kaum je erkennen, daß der Krankheitsbereich der Depression weitgehendst mit den gestörten Stoffwechselvorgängen und diversen Mangelzuständen an Vitaminen, Mineralstoffen und Spurenelementen einhergehen. Dies bedingt wiederum weitere Folgestörungen wie gestörte Feindurchblutung (Mikrozirkulation) der Gewebe und Störung des Abtransports von Stoffwechselschlacken. Mangelnde Bewegung an frischer Luft, die ja auch in erheblichem Umfang zur Ausscheidung von Stoffwechselsäuren (Kohlensäure wird über Kohlendioxyd mit die Lunge abgeatmet) beiträgt, führt dazu, daß der ohnehin übersäuerte Kranke im Rahmen seiner mangelnden körperlichen Aktivität ein übersäuerter Kranker bleibt.

Wie erfrischend kann es auch für einen Therapeuten sein, einen Patienten nach und nach aus seiner Schwermut und Verstimmung erblühen zu sehen.

Es ist, als würde für diese Menschen das Leben neu beginnen.

War das Leben vorher ohne äußeren Anlaß Last und Bürde, wird es wieder durch Freude und Anteilnahme für Alltägliches bestimmt. Nichts belastet einen Menschen stärker als eine gequälte Psyche, die das Leben vergällt und jeden Tag zur Last macht. Körperliche Beschwerden mögen Pein hervorrufen, doch mit Schmerzen lernt man umzugehen. Sie können trotzdem die schönen Stunden des Lebens nicht vertreiben.

Ein psychisch Kranker jedoch ist nicht mehr in der Lage, dem Leben Freude abzugewinnen. Lieber wäre er tot als in seinem Zustand der Lustlosigkeit und Lethargie zu verharren.

Wie kann sich das Leben eines solchen depressiven Menschen verändern, wenn sich die Schleier der Verdrossenheit allmählich heben! Der Volksmund hat den

Begriff geprägt: ich bin sauer. Jeder kennt diesen Spruch. Doch was bedeutet er? Er besagt nicht nur, daß unser psychischer Zustand in einer Art Mißstimmung verharrt, sondern der Volksmund ist viel wörtlicher zu nehmen. Denn dieser Begriff bedeutet im wahrsten Sinn des Wortes, daß wir auch von unserem Stoffwechsel her sauer sind.

Entsäuert sich ein chronisch Depressiver, so wird er auch eine Erleichterung seiner Schwermut finden und beobachten, daß das dunkle Grau seiner Antriebsarmut wie Wolkenfetzen allmählich entschwindet. Zwei Beispiele chronisch Depressiver mögen für viele stehen:

Frau W. 68 Jahre alt, eine schlanke, zierliche Frau, wird ihres Lebens nicht mehr froh. Sie wird beherrscht von Angstzuständen, Widerwillen gegen Nahrung, Furcht vor geschlossenen Räumen und ständigen Schlafstörungen. Öfter muß sie sich räuspern, was in Ihr die Befürchtung weckt, sie könnte an Kehlkopfkrebs leiden. Ihre Laborwerte weisen einen erhöhten Cholesterinspiegel auf, das Gesamteiweiß im Blut ist relativ hoch, ihr Urin zeigt saure Ph-Werte. Sie leidet an Engegefühl über dem Herzen und einem zu niedrigen Herzschlag. In ihrer Kost hat sie einen hohen Anteil an tierischem Eiweiß. Die Ernährungsumstellung auf eine säurearme Kost (Verzicht auf Fleisch, Milchprodukte, besonders Quark und Käse, Kaffee) sowie die Umstellung auf eine vitalstoffreiche Kost (Gemüse, Salate, nicht saures Obst) gehen einer Behandlung voraus.

Therapeutisch wird eine Sauerstofftherapie eingesetzt (Oxygenierung, intravenöse Sauerstoffinsuflation). Die Gabe eines homöopatischen Mittels gegen neurotische Depressionen, sowie Johanniskrautdragees (gegen Depressionen und Schlafstörungen), werden eingesetzt.

Bereits nach einer Woche fühlt sich Frau W. psychisch ruhiger, der Allgemeinzustand ist gut, durch die Ernährungsumstellung und damit verbundenen Entsäuerung hat sie ein Kilogramm abgenommen. Allerdings hegt sie Befürchtungen, wie es ihr später gehen werde. Nach einem Monat ist Frau W. ein neuer Mensch. Ihre Schwermut ist verflogen, der Schlaf normal. Sie habe wieder Mumm bekommen und fühle sich allgemein sehr gut. Sie fragt für eine Verwandte nach einem Arzt, der diese ebenso behandeln könne. Erstmals seit Jahren weiß Frau W. wieder, was das Leben bedeutet.

Frau G. H. ist eine junge Frau von 23 Jahren. Als ich sie erstmals sehe, bin ich zutiefst erschrocken. Ihre äußere Erscheinung ist die einer Maske, ja fast einer Mumie. Sie hat einen starren Gang, wenn sie läuft, schwingen ihre Arme nicht mit; ihr Gesicht ist starr und ohne Zeichen irgendeiner Mimik oder Gestik. Ihre Sprache ist langsam und stockend, ihre Augen ohne Glanz. 15 Monate hatte sie wegen einer endogenen Psychose in einer psychiatrischen Klinik verbracht. Sie hatte Stimmen gehört, den Eindruck gehabt, als wären Batterien in ihrem Körper. Ständig glaubte sie verfolgt zu werden. Äußerlich fiel sie auf durch Unruhezustände, Angstzustände und einen starken körperlichen Erschöpfungszustand. Nach der Entlassung aus stationärer Behandlung wurde sie in einer Tagesklinik untergebracht. Dorthin war sie jetzt wegen ihrer Angstzustände 10 Tage nicht mehr gegangen. Sie bekam 6 verschiedene Medikamente wegen ihrer Psychose. Diese hatten aus ihr einen vollkommen teilnahmslosen apathischen Menschen, ohne inneren Antrieb und Spontaneität gemacht. Das Gesicht war aufgequollen, ihr ganzes Wesen roboterhaft. Was macht man mit so einer Ärmsten der Armen, mit einem Menschen, vollgestopft mit Medikamenten, die wohl ein Symptom behandeln, aber eine Art anderes Wesen aus ihm machen. Die Verordnung chemischer Präparate allein macht, daß ein Kranker ein Kranker bleibt, auch wenn er behandelt wird. Was könnte anderes getan werden?

Frau G. bekam zuallererst nicht neue, andere oder bessere Medikamente, sondern wir begannen mit einer Ernährungsumstellung. Wir vermieden Zucker, Hafer, Weizen, Milchprodukte, Eier und Schweinefleisch. Zwei Wochen später berichtete die Mutter, daß es G. seit letzter Woche auffallend besser gehe. Die Angst sei gemildert, sie könne teilweise wieder arbeiten. Begleitend hatte ich der jungen Frau ein Magnesiumpräparat und ein homöopatisches Mittel (Ypsiloheel) gegeben. Ich begann bei Frau G. mit einer Akupunkturbehandlung zum Ausgleich ihrer energetischen Störungen und verwendete zusätzlich das homöopatische Mittel Psychoneurotikum. Zusätzlich leitete ich die Entfernung ihrer belastenden Zahnfüllungen aus Amalgam in die Wege. Innerhalb von ca. drei Monaten hatte sich aus dem psychischen und körperlichen Wrack der jungen G. ein Mensch mit mehr Antrieb, Elan, Kontaktfähigkeit entwickelt. Die Neurologen reduzierten die verordneten chemischen Präparate wesentlich, hielten aber eine Begleitmedikation "sicherheitshalber" noch bei. Frau G. ernährt sich heute von viel Keimlingen, rohen Gemüsen, nichtsauren Früchten, Hirsebrot, Buchweizenmüsli, Nüssen und anderen Sachen, bekommt aber wenig Getreide und wenig tierisches Eiweiß.

Die Fortschritte in ihrer Genesung waren so beachtlich, daß die Mutter bat, darüber vor anderen berichten zu dürfen.

QUECKSILBER UND DIE PSYCHE

Psychische Belastungen gehören neben vielen anderen Symptomen zu dem Hauptproblem, die unsere heutige Zahnmedizin als Nebenwirkungen der vielfach verwendeten Amalgamfüllung hervorruft. Amalgam, eine Metallegierung mit großem Anteil des hochtoxischen Elements Quecksilber, gehört zu den auch heute noch am meisten verwendeten Zahnmaterialien. Obwohl schon seit Generationen schwerwiegende Bedenken durch beobachtete Nebenwirkungen beschrieben werden (siehe auch das Buch: "Sind wir alle Versuchskarnickel?"), hat die zahnärztliche Hochschulmedizin sich der Problematik um dieses Material weitgehend entzogen und verschlossen. So hat jeder angehende Zahnarzt die "wissenschaftliche" Absicherung der Unschädlichkeit bei der Arbeit mit dieser toxischen Legierung. Möglicherweise gibt es kaum eine Berufsgruppe, die der Volksgesundheit einen schlechteren Dienst erwiesen hat, als jene der Zahnärzte. Einerseits vielleicht in dem besten Glauben, im Amalgam den bestmöglichen Kompromiß gefunden zu haben, andererseits vielleicht in nicht wenigen Fällen aber auch aus Ignoranz und Überheblichkeit. Verständlich und entschuldbar ist immer, wenn aus Nichtwissen oder Nichterkennen Fehler begangen werden. Unverständlich jedoch ist, wenn Leidende abgewiesen werden, die möglicherweise oder wahrscheinlich durch Amalgam krank geworden sind. In dem Buch "Amalgam die toxische Zeitbombe" von Dr. Sam Ziff und Prof. Dr. Thomas Till, werden folgende Nebenwirkungen des Amalgams angeführt: Gaumenbluten, erhöhter Speichelfluß, metallischer Mundgeschmack, Gesichtslähmung, Herzrhythmusstörungen, *Depressionen,* starke Schmerzen in der linken Brusthälfte, Netzhautblutungen, Sehstörungen, unkontrollierbare Augenzuckungen, Reizbarkeit,

Schwindelgefühle, Kopfweh, Gelenkschmerzen, Schmerzen im unteren Rücken usw. Ich selbst habe aberdutzende, wenn nicht gar hunderte Patienten mit chronischen Erkrankungen betreut, die nach einer Amalgamsanierung deutlich erkennbare Besserung ihrer Beschwerden erlangten. Einer dieser Menschen war der junge Mann D. K. Er litt an einer schwerwiegenden Muskeldystrophie, einer Erkrankung, die durch Schwund der Muskulatur allmählich zum Tode führt. Sechs Jahre war D. K. bereits von seiner Erkrankung befallen. Er wußte, daß diese in jenem Jahr begonnen hatte, als er die ersten Amalgamfüllungen erhielt. Wegen des Verdachtes eines Zusammenhangs zwischen den Amalgamfüllungen und seiner Krankheit, stellte er sich an drei Universitätszahnklinken vor. Immer wurde er besänftigt und abgewiesen. Als dann letztendlich trotz gegenteiliger Auffassung der Hochschulprofessoren sein Amalgam entfernt wurde, ging es ihm nahezu schlagartig geistig und körperlich wesentlich besser. Er fühlte sich muskulär erheblich kräftiger, seine brennenden Beschwerden im Gaumenbereich und in der Muskulatur klangen ab. Damit ist Herr D. K. noch nicht geheilt, aber was seine Krankheit betrifft einen wesentlichen Schritt vorangekommen.
Der durch Amalgam krank gewordene Patient befindet sich in einem Teufelskreis: Der behandelnde Zahnarzt wird mit den Resultaten seiner Therapie nicht konfrontiert, denn die Patienten mit depressiven Verstimmungen, Kopfschmerzen, Migräne, Ohrensausen, Darmstörungen, Sehstörungen, Gelenkschmerzen usw., bevölkern dann ja die Praxen der Neurologen, Augenärzte, HNO-Ärzte, Allgemeinärzte, Internisten, Orthopäden etc.
Einer meiner Patienten sollte sogar an drei Wirbeln operiert werden. Ein sachkundiger Zahnarzt befreite ihn

glücklicherweise zuvor von seinen chronischen Rückenschmerzen durch Extraktion (Entfernung) eines toten Zahnes!

Wer ahnt schon, wieviele *Depressivität und psychische Störungen* schädliche Folgen des Amalgams sind?

Wenn man darüber hinaus gesehen hat, daß Migräneanfälle, Sehstörungen, Gelenkbeschwerden und sogar Darmbluten nach Amalgamsanierung besser wurden, oder ausheilten, wird man nicht mehr der Meinung sein, daß Amalgam und Zahnmedizin immer ein Segen sind.

DER DARM, DIE GEFÄHRLICHSTE STRASSE DER WELT?

Begreifen Sie langsam, was man alles bedenken muß, um wieder gesund zu werden? Im Vorkapitel haben wir über das Amalgam geschrieben. Jetzt kommen wir zum Thema Heilerde!

Wenn Sie, lieber Leser, davon noch nicht gehört haben, so werden Sie jetzt sicherlich erstaunt sein, daß wir die Heilerde in das Darmkapitel eingereiht haben. In meinen Büchern "Ärzte sind nicht allwissend" und "Ich habe Krebs und lebe noch immer" habe ich schon ausführlich darauf hingewiesen. Ich selbst bin seinerzeit in meiner schwersten Phase auf die Heilerde gestoßen, nicht wissend, wie lebenswichtig sie für mich werden sollte.

Unser Speisebrei passiert ja vom Magen kommend, den Darm. Bis wir die Reste wieder ausscheiden, muß der Brei eine lange Wegstrecke überwinden. Dabei kann er viel Schaden, aber auch viel Heilung bewirken. Im Hessischen Rundfunk hörte ich neulich folgenden Satz: "Depressionen sind ein Leitsymptom für Morbus-Crohn" (Dickdarmentzündung, Divertikel). Anders herum ausgedrückt bedeutet es aber auch, man bekommt Depressionen, wenn der Darm nicht in Ordnung ist.

Aber lassen wir doch Dr. Hoffmann zu Worte kommen; Seine erste Überlegung lautet: Sitzen Depressionen im Darm?

In der chinesischen Medizin heißt es: Der Darm ist der Vater der Trübsal. In der ägyptischen Medizin hatte der Pharao einen Arzt am Hofe, der sich "Königlicher Bewacher des Darmausganges" nannte. Überhaupt wußten die damaligen Ärzte viel mehr darüber Bescheid, wie wichtig es ist, den Darm in Ordnung zu halten.

In den alten Schriften ist aber auch immer wieder von der Heilerde die Rede!

Vergessen Sie, lieber Leser, also nie mehr, daß unser Darm für unser psychisches Wohlbefinden doch ein wichtiger Maßstab ist. Oder anders ausgedrückt: Gesunder Darm - psychische Stabilität. In der Tat finden wir Depressionen gehäuft bei jenen älteren Damen, die infolge ihrer Stuhlvergiftung ihre Darmgifte nur schlecht loswerden. Bei Durchfällen und Blähungen wiederum ist der Darm nicht nur toxinbelastet (giftbelastet), sondern auch in der Aufnahme wichtiger Nährstoffe blockiert. Darüberhinaus kommt es durch Störungen der Darmbakterienflora zu einer erheblichen Minderproduktion bestimmter Vitamine; denn die Milliarden oder gar Billionen freundlicher Helfer benötigt unser Körper als wichtige Lieferanten von B-Vitaminen. Wenn dieser Vorgang gestört ist, wird man seine Depression nicht loswerden. Verstehen Sie jetzt die Zusammenhänge?

Über diese Wege: vermehrte Aufnahme von Giftstoffen, verminderte Aufnahme von Vitalstoffen und stark eingeschränkte Produktion von Vitaminen, übt unser Darm krankhafte Funktionen aus, die zu einer deutlichen Minderung unserer Lebenslust bis hin zu *echter Depressivität* führen.

Viele Fastende haben die Erfahrung gemacht, daß dadurch nicht nur der Körper gereinigt wird, sondern auch die *Seele Aufwind bekommt.*

Nur hält der Fasteneffekt bei unserer verkehrten Lebensweise nicht allzu lange an.

Was also können wir tun, um unseren Darm vor Schäden zu bewahren und dadurch *unsere Seele im Gleichgewicht zu halten?*

Wenn Hunde krank sind, verweigern sie feste Nahrung, nehmen nur noch Flüssigkeit zu sich und nicht selten kann man beobachten, wie sie Erde aufnehmen. Das Tier tut dank seines Instinkts das Richtige. Der Mensch als sogenannter "Verstandesmensch", hat diesen verloren und muß erst wieder lernen, sich richtig zu verhalten. Da wir nun nicht die chemisch belastete Erde aus unseren Gärten und Feldern aufnehmen können, besorgen wir uns *Heilerde* aus Apotheke oder Reformhaus. Die Einnahme eines einzigen Teelöffels dieses billigen Heilmittels täglich und wenn notwendig auf lange Sicht, kann im wahrsten Sinne des Wortes Aufwind für die Psyche sein. (Man kann die Heilerde in Tees oder Wasser einrühren. Sie schmeckt nicht mal schlecht. Man gewöhnt sich sehr schnell daran). Machen Sie es doch Ihrem Kranken vor und gehen mit einem guten Beispiel voran. So bleiben auch Sie gesund.

Der Tod lauert wirklich im Darm. Selbst in der Bibel spricht der Herr davon, wie wichtig Erde für unseren Körper ist. Vor allen Dingen ist es wichtig, daß Sie es regelmäßig machen. In erster Linie beeinflussen wir mit diesem reinigenden Elixier zwar unseren Darm, aber ein gesunder Darm ist ja nun einmal die Voraussetzung für eine ausgeglichene seelische Verfassung.

Ein Teelöffel Heilerde täglich (bei starken Darmerkrankungen mit erheblichen Blähungen, fauligen Stühlen oder sehr weichen durchfallartigen Darmentleerungen auch drei Teelöffel Heilerde, selbst Säuglinge und Kleinkinder sprechen sehr gut darauf an, hier ins Fläschchen geben) leiten eine gründliche Darmsanierung ein. Die an Kieselsäure und Mineralsalzen reiche Erde unterbindet nicht nur Gärungs- und Fäulnisprozesse im Darm, sondern behebt auch übelriechende Darmgasbildungen. Darüberhinaus dient diese Erde auch der Bindung und Ausscheidung von Darmgiftstoffen, die sonst durch Aufnahme in das Blut unsere Entgiftungsorgane überfluten würden. Vielfach fehlt unserem Körper die in der Heilerde reichlich enthaltene Kieselsäure, die darin zu über 60% enthalten ist. Kieselsäure ist besonders wichtig zur Festigung unserer Bindegewe-

be, also zum Beispiel bei Krampfaderleiden, Nagelwachstumsstörungen und schlechtem Haarwuchs. Darüberhinaus ist Kieselsäure noch reichlich in Hirse und Brennesseln enthalten, weshalb diese pflanzlichen Nahrungsmittel von hoher Qualität für uns sind.
Nicht nur, daß durch Heilerde Giftstoffe besser zur Ausscheidung kommen - durch die Beseitigung von Blähungen wird auch die Nährstoffaufnahme erheblich verbessert. Ebenso ist die geschädigte Darmbakterienflora in der Lage, sich zu regenerieren und ihre wertvolle Aufgabe als Vitaminlieferant wieder wahrzunehmen.
Welche Wohltat auch für Leute, die unter saurem Magen, Speiseröhrenbrennen und fauligem Mundgeruch leiden. Bereits das Zahnfleisch als oberster Teil unseres Magen/Darmtrakts regeneriert durch Bestreichen mit Heilerde oder Auflage von Heilerdekompressen recht zügig. Man kann auch abends einen Teelöffel voll Heilerde in den Mund nehmen und dann schlafengehen. Langsam sickert die Heilerde mit dem Speichel dann zusammen in den Magen. Dies hilft bei schwammigem, blutendem Zahnfleisch oder schlecht heilenden Wunden nach einer Zahnbehandlung. (Ständig damit gurgeln).
Manche chronische Magen/Darmerkrankung wird besser mit solch einem einfachen aber hochwirksamen und billigen Mittel, als durch allerlei chemische Präparate geheilt. (Wir haben wirklich so viele Besserungen damit bewirken können, vor allen Dingen auch bei Schilddrüsenerkrankungen und Krebs, daß wir ein Buch darüber schreiben werden.)
Ganz wichtig ist allerdings zum richtigen Erfolg auch das Trinken ausreichender Mengen an Flüssigkeit, da sich sonst der Stuhl zu sehr verhärtet. Schon die alten ägyptischen Ärzte wußten: verhärteter Stuhl weist auf Depressionen hin. Ebenfalls fördern ausreichende Mengen an Vitalstoffen in Form einer ballaststoffreichen

Frischkost (volle Körner, saftiges Obst wie Melonen und anderes frisches Gemüse) die Ausheilung depressiver, neurotischer und psychotischer Krankheitsbilder.
Ein jüngerer Patient mit Multipler Sklerose berichtete mir sogar, daß er nach Einnahme von Heilerde mehr Kraft in seinen Beinen verspüre.
Stuhlanalysen bei einer Reihe von Patienten haben ergeben, daß sich die geschädigte Darmbakterienflora nach einigen Monaten Behandlung mit Heilerde deutlich stabilisiert hat.
Nicht nur über eine höhere Aufnahme von Nährstoffen durch die Heilerdebehandlung wird die Mineralsoffversorgung des Körpers gebessert, sondern ebenso durch die in der Erde selber enthaltenen Mineralien und Kieselsäure, sowie Spurenelemente. Wie wichtig dieses gerade für den psychisch Kranken ist, haben wir ja schon ausführlich beschrieben.
Wie Sie ja sicherlich schon wissen, nehmen wir sehr viele Giftstoffe über unsere Ernährung zu uns. Ganz besonders die Pestizidanwendung, die Landwirte nicht abstellen wollen. Sie können sich einfach nicht vorstellen, daß es auch anders geht. Daß sie durch ihr falsches Denken die ganze Nation vergiften, darüber haben sie wohl noch nicht nachgedacht.
In Amerika gibt es großartige Studien darüber und auch Berichte in deutscher Sprache weisen uns den richtigen Weg. (Theron G. Randolph und Ralph W. Moss weisen in ihrem Buch "Allergien: Folgen von Umweltbelastung und Ernährung" darauf hin. W. Müller Verlag, Karlsruhe). Sie haben Untersuchungen und Studien mit Patienten gemacht, die unbehandeltes und behandeltes Obst und Gemüse zu essen bekamen. Es ist wirklich erschreckend, was man dabei herausgefunden hat.
Die Heilerde im Körper bindet die Giftstoffe und Schadstoffe an sich und leitet sie über den Darm aus.

Aber ich sage mir, wenn ich Giftstoffe nicht zu mir nehme, dann braucht die Heilerde sich nicht darauf zu konzentrieren, sondern leistet möglicherweise noch viel bessere Arbeit. Ich muß also nur zusehen, wie ich es abstellen kann, in Haus und Garten toxische Mittel zu verwenden.
Kann man eigentlich ohne Gift auskommen?
Man kann!

WAS HAT FERMENTGETREIDE MIT UNSERER ERNÄHRUNG ZU TUN?

Eine ganze Menge!
Sie haben also endlich erkannt, wie wichtig richtige Ernährung ist. Sicherlich werden Sie schon gedacht haben: Das Wissen darüber habe ich jetzt und möchte es auch sofort anwenden. Aber wo bekomme ich denn noch gute Nahrung her? Ist unsere Umwelt und die Tierhaltung mittels Chemie nicht schon so kaputt gemacht worden, daß man gar keine gesunde Nahrung mehr kaufen kann? Gesunde Böden, gehören sie nicht längst der Vergangenheit an? Auch im Haus verwenden wir überall Chemie.
Ich selber brauche ganz dringend gesunde Nahrung. Wenn ich Fleisch esse, dann nur von gesunden Tieren und nicht von solchen, die total mit Chemie vollgestopft sind.
Ich mache mich also ziemlich hoffnungslos auf die Suche nach Mitteln, die uns wieder zu gesunden Böden verhelfen, sowie gesunder Tierhaltung. Wenn ich ehrlich sein will, habe ich nicht einen Augenblick daran gedacht, so etwas überhaupt noch zu entdecken. Doch dann erhielt ich wieder zur rechten Zeit die richtigen Informationen.
Ich möchte hier nur einen Brief eines Landwirts in Auszügen wiedergeben. Daraus können Sie, lieber Leser, dann schließen, was man davon halten soll oder nicht. Der Betrieb liegt in der Schweiz.
"....Bisher ging es mit den landwirtschaftl. Erfolgen und Mißerfolgen so über die Runden. Plötzlich ging es mit den Muttersauen bergab. Niemand konnte helfen. Eines Tages war ein Schlachtvieh-Einkäufer bei mir und fragte, wie es im Saustall geht. Der Einkäufer sagte mir, er wüßte jemanden, der mir helfen könne und sprach

von Fermentgetreide. Er wolle mich mit einem 80-jährigen Mann zusammenbringen der fit und vital sei wie ein Junger, der selbst diese Fermentgetreide ißt. Ich habe über dieses Mittelchen nur gelacht".
November 1988 begann er dann doch das Fermentgetreide zu verwenden. Der Erfolg war schlagartig. Schon nach zwei Tagen traten Verbesserungen ein. Es wurden nur noch gesunde Ferkel geworfen, die sich prächtig entwickelten. Die Muttersau blieb gesund und munter. Dann versuchte man es auch bei den Kühen. "Wir stellten das Futter noch etwas um und gaben jetzt Fermentgetreide, und von diesem Zeitpunkt an hätte ich die Spritze eigentlich verkaufen können, wenn ich vergleiche, wie es vorher alles so gegangen ist. Wir haben gespritzt was es gab, ohne nennenswerten Erfolg."
Die Landwirte fanden heraus, daß man bei den Tieren einfach die *Stoffwechselstörung* aufhob. Wie beim Menschen. Die Verdauung funktionierte jetzt einwandfrei. "Man kann nicht durch überhöhte Futtergaben mehr Leistung erzielen, wenn eine Kuh das Fressen, das sie schon bei sich hat, nicht gut verdauen kann. Nur eine gute Verdauung gibt höhere Leistungen und gesunde Kühe. "Wir haben im Kuhstall auch Leckbecken montiert wo jede Kuh zur freien Verfügung Salze, Mineralstoffe usw. aufnehmen konnte. Im vergangenen Winter 1988/89 haben wir keinen vergleichbaren Teil dieser Salze/Mineralstoffe usw. zum Vorjahr gebraucht. Unsere Kühe haben dies glänzend überstanden.
Auch in der Pferdezucht haben wir Fermentgetreide eingesetzt. Ohne anzugeben kann ich mit Stolz sagen, daß wir hier in der Gegend fast die schönsten Pferde haben. Den ganzen Winter hatten wir keine der früher üblichen Probleme wie z.B. Frühjahrsdurchfall, chronische Bestandes-Krankheiten. So etwas kenne ich gar nicht mehr.

Für mich ist es logisch, daß Fermentgetreide die Durchblutung anregt, das Immunsystem und die Ausgewogenheit im Körper steuert, den Verdauungsapparat in Ordnung hält, daß die Tiere viel ruhiger, gelassener und natürlicher reagieren. Jedenfalls ist es für mich die Hauptsache, daß unsere Tiere eine gesunde Magen- und Darmflora haben und bei uns alles bestens funktioniert."
Was ist denn jetzt dieses Wundermittel wirklich? Wie wird es hergestellt? Aus Vollkornbrot, das aus Getreide aus biologischem Anbau gebacken wird. Dieses Brot wird vergoren, wobei sich neben Vitalstoffen, Vitaminen und Mineralstoffen natürliche Milchsäure bildet. Was übrig bleibt, wird getrocknet und ist das Fermentgetreide.
Eine Firma in Bork, also gar nicht weit von meiner Heimatstadt entfernt, hat es entdeckt und experimentiert seit vielen Jahren damit. Sie werden es nicht glauben, aber dieses Produkt ist auch für den Menschen äußerst empfehlenswert.
Ganz besonders auch bei Depressionen: Bericht eines Rentners. Er beschreibt die Situation wie folgt: "Ich war immer kerngesund und fröhlich, doch ganz plötzlich funktionierte bei mir überhaupt nichts mehr. Ich konnte nicht mehr schlafen, hatte keine Verdauung und keinen Appetit. Nichts machte mir mehr Freude. Innerhalb von drei Monaten verfiel ich, wurde ein mir selbst fremder Mensch und konnte einfach nicht mehr weiter. Anders kann ich meinen Zustand nicht beschreiben. Die Diagnose lautete psychosomatisches Leiden".
Im Krankenhaus gaben die Ärzte sich große Mühe, ihn wieder auf die Beine zu bringen, doch sie konnten ihm nicht helfen. Dann stieß seine Familie zufällig auf den Brottrunk und das Fermentgetreide. Er fing an ihn zu trinken und es ging ihm sehr schnell viel besser. Die Depressionen verflogen sehr rasch und die Verdauung

klappte wieder vorzüglich. Besonders die Leberwerte besserten sich zusehends.
Viele hundert Berichte liegen bei dieser Firma vor. Erschütternde Berichte. Brottrunk und Fermentgetreide helfen aber nicht nur bei Depressionen, sondern auch, und das ist besonders wichtig, bei Darmleiden. Es heben Abwehrschwäche auf und wirken gegen Allergien, was für Kranke besonders wichtig ist. Schuppenflechte, Heuschnupfen, Rheuma, Multiple Sklerose, Migräne. Mit einem Wort, ob Vogel oder Pferd, auch die Menschen werden wieder gesund.
Warum wirkt es so ausgezeichnet?
Darüber gibt es sogar eine hervorragende wissenschaftliche Untersuchung und Studie in Verbindung mit dem Stoffwechsel des Menschen, von Prof. Dr. F. Matzkies. Diese Studie wurde in der Kurklinik Bad Neustadt/Saale durchgeführt.
In dem Brottrunk sind, neben Mikroorganismen, folgende Spurenelemente und Vitamine enthalten:
Selen, Kupfer, Eisen, Mangan, Zink, Kalzium, Magnesium, Vitamin B1, Vitamin B2, Vitamin B12, Vitamin E.
Es ist eine Menge "Medizin" mit verblüffender Wirkung.
Mikroorganismen sind unentbehrlich für das Leben.
Ein Arzt in Bayern arbeitet schon seit geraumer Zeit in seiner Praxis mit Brottrunk und kann auf erstaunliche Erfolge verweisen. Davon ausgehend, daß Minerale, Spurenelemente und Milchsäure eine tragende Rolle in der Behandlung vieler Krankheiten einnehmen können, empfahl er seinen Patienten Brottrunk und Fermentgetreide.
Aber das ist noch längst nicht alles, was Fermentgetreide und Brottrunk schaffen. Man kann sie auch für die Bodenkultur benutzen. Es wird seit geraumer Zeit auf vielen Gebieten ausprobiert. Manche Kleingärtner arbeiten seit vielen Jahren schon ohne Giftstoffe. Man

untersucht inzwischen, ob Fermentgetreide die Böden wieder basisch bekommt. In einem alten Buch habe ich gelesen: "Wenn die Böden eines Landes übersäuert sind, stirbt bald die ganze menschliche Kultur aus".
Die Firma experimentiert jetzt in Sachen biologisches Unkrautvernichtungsmittel. Man hat eine Versuchsgärtnerei aufgebaut und experimentiert damit. Ein Kleingärtner sagte folgendes: "Gift aus dem Garten? Danke nein! Kunstdünger-gedopte Tomaten? Pfui! Blaukorngezüchteter Kopfsalat? Igitt! Schon der Gedanke an Schwermetalle könnte einen schwermütig machen. Die Giftpistole mit Herbiziden habe ich auf den Müllhaufen der Irrtümer geschmissen".
Ich selber habe mit dem Brottrunk Ameisen vertrieben. Ohne Gift also! Fünfzehn Jahre haben wir uns jeden Sommer damit abgeplagt. Sie wollten mein Haus erobern. Jetzt klappt es, und der Boden hat den Brottrunk dankbar angenommen. Ein Chemiker, der mich kürzlich aufsuchte, meinte dazu: "Du hast sie nicht getötet, sie haben nur ihre Straße verlegt". Das hat mich sehr froh gestimmt.
Aber auch unsere Kastanie hat den Brottrunk dankbarst angenommen. Sie ließ immer sehr früh die Blätter fallen. Zum Teil sind ihre Wurzeln mit Beton zugedeckt worden. Deswegen kränkelt sie immer. Obschon wir heuer einen heißen Sommer haben, ist sie noch immer sehr grün.
Sie sehen also, jeder kann selber damit experimentieren und wir können erstaunliche Erfolge damit erzielen und vielleicht auch sehr nachdenklich werden.
Auch im Haushalt kann man beides verwenden, als Blumendünger zum Beispiel. Ich halte mir so die Gifte fern, denn nirgends ist die Luft so von chemischen Mitteln verseucht, wie in einem normalen Bürgerhaushalt. Schauen Sie doch mal nach, wieviele chemische Pro-

dukte Sie umherstehen haben! Und da wundern Sie sich noch, daß Ihr Angehöriger nicht gesund wird!
Wir müssen endlich von den Giften wegkommen. Wir müssen es umso mehr, wenn wir unsere Welt retten wollen, wenn wir wollen, daß die Luft, das Wasser und die Wälder wieder gesund werden. Wir müssen endlich anfangen umzudenken.
Wenn wir schon erkrankt sind, ist es geradezu lebenswichtig, daß wir den Kreislauf kennen. Nicht erst auf Gesetze warten, sondern gleich damit anfangen! Denken Sie selbst, "lassen" Sie nie mehr denken!
Ganz besonders große Sorgen haben die Imker. Man sagte mir mit verzweifelter Stimme: "Frau Friebel, stellen Sie sich doch mal einen stummen Frühling vor! Was dann mit uns geschieht!" Ich habe nicht sogleich begriffen, was er damit ausdrücken wollte, bis er mir erklärte, daß die Bienen bald so degeneriert sind, daß sie keine Blüte mehr anfliegen. Ständig werden sie von den Giften umnebelt, die wir gedankenlos spritzen! Bis sie eines Tages nicht mehr die Blüten bestäuben. 80 % der Natur hängt damit zusammen, daß die Bienen fliegen und sich richtig verhalten!" Ich war tief bestürzt. Daran habe ich noch nie gedacht!
Wie gedankenlos wir doch sind! Da töten wir ständig Kleinstlebewesen und begreifen einfach nicht, daß wir nur ein wenig länger brauchen, um an dem Gift, das wir unbesorgt spritzen selbst schwer erkranken oder gar sterben!
Wenn wir nicht endlich aufwachen, dann haben wir der Chemie mitgeholfen, Mutter Erde zu zerstören, daß sie sich aufbäumt und uns wie Parasiten abschüttelt. Vergessen Sie nie mehr,
wir brauchen die Natur. Nicht umgekehrt! Haben wir endlich wieder Ehrfurcht!

In diesem Buch konnten Sie lesen, wie klar und einfach alles zusammenhängt: Gesunde Ernährung, Psyche, Übersäuerung. Fangen Sie also gleich heute damit an, sich umzustellen. Diese

Produkte, Brottrunk und Fermentgetreide, gibt es in Bioläden, Drogerien, Bäckerläden. Erkundigen Sie sich danach! Ich möchte hier wirklich nicht Reklame für Fermentgetreide und Brottrunk machen.

Danken Sie dem Schöpfer, daß er uns die Chance gibt! Jetzt sind wir gefordert! Brottrunk und Fermentgetreide sind biologisches Brot. Das ist die Substanz. Beten wir nicht täglich um unser Brot? Helfen Sie mit, die Welt zu retten! Dann bekommen Sie auf Dauer all das, was Ihr Kranker oder Sie selbst so dringend nötig haben. Gesundes, schönes und vitales Gemüse, giftfreies Fleisch und so weiter.

Tägliche Fernsehberichte sagen uns, wie das Ozonloch wächst, wie schlimm es schon mit unserem Grundwasser ist! Die Krebsrate steigt übrigens jährlich um 2 %. 750 000 Krebstote im letzten Jahr in Europa. Die Krankenhäuser der Psychiatrie sind voller denn je!

VERSEUCHTER GARTENBODEN: HILFE KOMMT ZUR RECHTEN ZEIT!

"Gift befindet sich praktisch in jedem Gartenboden, selbst noch nach 15 Jahren sorgfältiger biologischer Bewirtschaftung. Jetzt ist es dem Sinzheimer Lehrer Rainer Fischer gelungen, eine Entgiftung durch Anwendung des von ihm entwickelten Hilfsmaterials gegen Waldschäden herbeizuführen - ein sensationelles Ergebnis - obendrein amtlich bestätigt!" Diese Mitteilung erhielt ich, da war dieses Manuskript schon fertig. Ich muß einfach darüber berichten, denn es ist wirklich eine ganz tolle Sache. Vor allen Dingen, damit Sie auch sehen, daß ich nicht einseitig denke und informiere.
Aldrinpräparate sowie Dieldrin waren in den Jahren bis 1969 amtlich anerkannt und empfohlen. Erst 1974 wurden sie wegen ihrer Gefährlichkeit verboten. Es war ein Pflanzenschutzmittel. Das Fortbestehen ihrer Wirkung ist vergleichbar dem von DDT. Die Auswirkungen waren auch noch nach 15 Jahren schlimm. "Immerhin waren in der Kieler Kinderklinik Säuglinge an Gemüse, das mit der damals noch zugelassenen Chemikalie Dieldrin behandelt worden war, zu Tode erkrankt!" Fischer schreibt: "Das krebserregende Dieldrin ist wohl einer der schlimmsten Dauervergiftungsfaktoren in unserer Nahrung, da es praktisch in allen Gemüseanbaugebieten lange verwendet wurde und auch heute noch in der Nahrung stark angereichert ist.
Aldrin war als Wirkstoff vor allem in Präparaten zur Bekämpfung der Gemüsefliege und von Bodenschädlingen empfohlen worden. Zu den Kulturen, die am meisten Dieldrin aufnehmen, auch wenn man schon lange kein Gift mehr benutzt, gehören: Gurken, Melonen, Kürbis, Zuccini, Rettich, Radieschen, Möhren".

Biologische Gärtnereien standen sozusagen vor dem Ruin, unverschuldet. Sie hatten zum Teil die Flächen angekauft, nicht wissend, was vor 15 Jahren gespritzt wurde. Jetzt kam also die bittere Rechnung zutage. Von der Schädigung des Grundwassers mal ganz abgesehen. Der Lehrer Rainer Fischer entwickelte ein Mittel, das man jetzt einsetzte. Die besagte Gärtnerei, die schließen sollte, brachte von diesem Mittel 30 dz pro Hektar aus und beantragte schon zweieinhalb Jahre später bei derselben Staatlichen Landwirtschaftlichen Untersuchungs- und Forschungsanstalt Augustenberg eine Nachuntersuchung der so behandelten Felder. "In keiner der Bodenproben konnte Dieldrin nachgewiesen werden. Es lag jetzt sogar unter der Nachweisgrenze!"
Fischer sagte dazu: "Der chlorierte Kohlenwasserstoff ist somit durch die genannte Düngemischung restlos aufgehoben worden. Das hohe Angebot austauschbarer Ionen hat offensichtlich die gefährlichen Chlor-Verbindungen in unschädliches, lösliches Kochsalz überführt, was durch den Anteil an Soda möglich wurde".
Verzagen Sie nicht, lieber Leser! Für mich ist das auch nicht ganz einfach zu verstehen. Wichtig für uns Laien ist doch zu wissen, es gibt unschädliche Mittel, eine Möglichkeit, gegen die Verseuchung des Bodens anzugehen.
Außer Rainer Fischer waren noch ein Heilpraktiker und ein Tierarzt an der Entseuchung des Bodens beteiligt, die beide mit homöopatischen Mitteln arbeiteten.
Wahrscheinlich werden wir alle früher oder später auf solche Mittel zurückgreifen müssen (auch Kleingärtner). Denn die Mitteilung der Internationalen Arbeitsgemeinschaft der Wasserwerke im Rheineinzugsgebiet, daß die Wasserwerke Amsterdam und Köln im Regenwasser Insekten- und Pflanzenvernichtungsmittel in Konzentra-

tionen gefunden haben, wie sie im Trinkwasser nicht erlaubt sind, sollte uns mehr als zu denken geben.
Ohne Wasser müssen wir sterben!
Alle, Blumen, Pflanzen, Bäume, Tiere, Menschen!
Der Präsident dieser Werke sagte wörtlich: "Die 'chemische Hacke' der Bauern ist mittlerweile unberechenbar geworden; es müßte einen das Fürchten lehren, wenn man allein bedenkt, daß bei 350 verschiedenen Pestizid-Wirkstoffen nur für rund 100 dieser Stoffe Analysemethoden verfügbar seien, die die Bestimmung des Grenzwertes von 0,1 Mikrogramm erlaubte. In der Bundesrepublik würden durch Landwirte rund 30 000 Tonnen Pestizide jährlich aufgebraucht". (Entnommen der Zeitschrift "Anderes Leben", Hauptstraße 5, 2730 Rhade). Eine sehr gute Zeitung. Vor allen Dingen, wenn man wirklich den Wunsch in sich verspürt, mitzuhelfen die Welt zu retten, sollte man sie sich bestellen.
Sie sehen also, lieber Leser, warum Kranke krank bleiben! Man fängt an der falschen Seite an. Unsere Ernährung ist das A und O! Wenn wir das endlich alle begreifen. Lehnen wir uns doch auf und verlangen immer mehr, daß man endlich mit den Giften aufhört.
Wenn Sie mehr wissen möchten, wo man das Produkt von Rainer Fischer bekommen kann, um den eigenen Garten zu "entsäuern", wenden Sie sich bitte direkt an Rainer Fischer, Am Sandbach 13, 7573 Sinzheim. Bitte vergessen Sie aber nicht das Rückporto!
Rainer Fischer sinnt schon auf Neues. Als nächstes will er Dioxin "knacken" und damit wohl das gefährlichste Gift neben dem Plutonium der Atomkraftwerke, das ungefragt in unseren Lebensraum eingeschleppt worden ist. Eine über mehrere Jahre reichende Studie mit Bildmaterial über das Baumsterben und deren Kampf dagegen, liegt mir vor.

Jetzt wird es wieder ein wenig fachlich. "Behandelt wurde die Versuchsfläche nur einmal im Oktober 1984 durch oberflächliches Verstreuen einer pulverförmigen Mischung aus Gips, Dolomit, Soda, Borax und Citronensäure als Starthilfe.
Da Bäume einen etwa gleich großen Bedarf an Kalzium und Sulfat haben, ist eine versauernde Wirkung auf den Boden ausgeschlossen, zumal dem Neutralsalz Gips sowohl sofort als auch langzeitig wirkende basische Salze beigefügt sind.
Gips macht den Boden bekannterweise feinkrümelig, nährstoff- und wasserhaltend und regt das Wurzelwachstum an. Somit wird die *Nährstoffversorgung* der Bäume langfristig entscheidend verbessert. Pflanzen bilden bei reichlichem Angebot an Sulfat vermehrt Glutathion, das einen der wirksamsten Schutzfaktoren von Pflanzen gegen Ozon darstellt und ebenso schwefelhaltige Aminosäuren Radikale einfängt, sowie für den Abbau einer Vielzahl von Giften sorgt. So können sich Pflanzen und Bäume durch Sulfat-Angebot wesentlich besser gegen schädigende Umwelteinflüsse wehren.
Die Bildung vieler *Vitamine und Schutzstoffe* ist stark abhängig von einer guten Bor-Versorgung. Nicht nur der gesamte *Stoffwechsel* wird von Bor entscheidend mitbeeinflußt, sondern vor allem die Zellwand-Ausbildung ist von ihm abhängig. Ähnlich wie beim Kalzium ist 50 % des gesamten Pflanzen-Bor-Gehaltes in den Zellwänden angereichert. Bor aber erleidet von allen Spurenelementen die höchste Auswaschung im Boden".
Warum ich das alles so ausführlich bringe?
Damit Sie, lieber Leser, sehen, wie Pflanzen, Bäume, Tiere nur gedeihen können, wenn ihr *Stoffwechsel* in Ordnung ist. Sie brauchen wie wir die richtigen Vitamine und Mineralien. Bekommen sie diese nicht, müssen sie sterben, wie zur Zeit unsere Wälder. Gibt

man ihnen Gift, geschieht das Sterben nur noch ein wenig schneller. Alles befindet sich in einem Kreislauf. Das zu begreifen ist für uns so lebenswichtig!
Wir brauchen Sauerstoff für unsere Zellen. Bekommen die Zellen nicht genug Sauerstoff, und das wird bald der Fall sein, wenn noch mehr Wälder absterben, müssen auch sie sterben. Wir brauchen gesundes Gemüse, gesundes Fleisch, besonders wenn wir schon krank sind.
Ihr psychisch Erkrankter ist körperlich krank! Vergessen Sie das nie mehr! Zuerst wurde sein Körper verseucht, dann stiegen die giftigen Dämpfe vom kaputten Darm nach oben!
Ich kann mir jetzt nur noch wünschen, daß vielleicht diese beiden genialen Menschen (Kanne und Fischer) zusammenkommen und gemeinsam weitermachen. Vielleicht kann man dann doch noch die Welt retten! Unser Trinkwasser, unsere Wälder, Felder!
Aber auch Sie, lieber Leser, sind dazu aufgefordert, sofort damit zu beginnen! Verbannen Sie die Gifte aus dem Haus! Helfen Sie im kleinen mit!
Einigkeit macht stark!
Sollte ich neue sensationelle Berichte bekommen, werde ich sie in der nächsten Auflage bringen!
Das Leben ist so voller Überraschungen!

KALIFORNISCHE BLÜTENESSENZEN - SCHLÜSSEL ZUR SEELE

Immer wieder bekomme ich Anrufe von verzweifelten Angehörigen, die mir sagen: "Ich würde ja so vieles für meinen Kranken tun, wenn er es sich nur gefallen lassen würde. Sie glauben ja gar nicht, wie schwer das ist, ihn davon zu überzeugen, daß es wichtig ist".

Während ich noch darüber nachdachte, wie man auch dieses Problem lösen könnte, erhielt ich ein Buch geschenkt: "BLÜTENESSENZEN. Repertorium ihrer Wirkungsweisen", LAREDO VERLAG, München. Die Originalausgabe ist in Amerika erschienen. Dort hat man mit Blütenessenzen schon sehr viele Erfolge erzielt. Sie wirken sozusagen direkt auf unsere Seele.

Das Buch ist leicht verständlich geschrieben. Ein Laie wird sofort damit arbeiten können. Das fand ich so gut.

Blütenessenzen "brechen" unsere Seele auf und führen dazu, daß wir einfach anders (sprich: geöffneter) reagieren. Gerade für psychisch Erkrankte ist es so wichtig, daß sie zu Anfang eine Hilfestellung bekommen, um diese erste Hürde auf dem Weg der Gesundheit besser nehmen zu können.

Ich möchte erst einmal beschreiben, woraus diese Essenzen bestehen und dann, was sie können.

Kalifornische Blütenessenzen sind flüssige Zubereitungen, die einen klaren Eindruck des Schwingungsmusters einer bestimmten Blüte in sich tragen. Sie sprechen Gesundheit in einem weiteren Sinn an, da sie die Wechselwirkung zwischen Seele und Körper anerkennen. Nur eine geringfügige materielle Komponente enthaltend, sind Kalifornische Blütenessenzen keine chemischen Mittel oder Drogen. Sie können vielmehr als Katalysatoren angesehen werden, die ein formbildendes oder ätherisches Muster der verwendeten Pflanzenart in

sich tragen. Sie sprechen eine subtile Sprache, die durch das innere Selbst verstanden werden kann, so wie wir Musik hören oder ein Bild oder eine Skulptur sehen.
Kalifornische Blütenessenzen sind Wegbereiter für die Verbesserung der Gesundheit, denn sie bauen auf der Einsicht auf, daß sie menschliche Seele ein Mikrokosmos innerhalb des Makrokosmos Natur ist. Es ist eine Art und Weise, die die äußere Blumensprache der Natur mit dem inneren Gesundheitszustand in Wechselbeziehung bringt.
Es gibt viele Wege, die uns helfen, die inneren Kräfte in der physischen Welt harmonisch zu entwickeln. Sicherlich ist aber eine natürliche Behandlung, die auf der "Muttersprache" der Blüten gründet, eine der sanftesten und angemessensten.
Die Therapie mit Kalifornischen Blütenessenzen ist in ihrem Ursprung kein neue Therapie. Sie begründet sich aus der Forschungsarbeit von Dr. Edward Bach, einem englischen Arzt, der von 1886 bis 1936 lebte. Dr. Bach war imstande, die subtile Sprache der Natur zu verstehen und sie mit den Seelenzuständen des Menschen in Verbindung zu bringen. Er fand heraus, daß die spezifischen Schwingungsmuster von bestimmten Pflanzen in der Lage sind, direkt und ausschließlich auf die Seele von Menschen, Tieren und Pflanzen einzuwirken. Dadurch können Blütenessenzen als Katalysatoren wirken und seelische und körperliche Leiden beeinflussen. Wörtlich heißt es über die Blüten: "Wenn die Zeit gekommen ist, eine Blütenessenz zuzubereiten, beginnt man die richtigen Bedingungen für das höchste Potential zu bestimmen. Zuerst muß man einen Standort finden, an welchem die Pflanzenart als ganze in vollster Blüte steht, nicht nur ein paar einzelne Blüten. Dann müssen weitere Faktoren in Betracht gezogen werden, wie Mondphasen,

Rhythmen der Planeten und Sterne, die die Eigenschaften der ausgewählten Pflanze beeinflussen.
Von großer Wichtigkeit ist die Reinheit und Kraft der vier umgebenden Elemente: Die Qualität der Sonne, des Wassers, der Luft und der Erde. Außerdem ist die Tageszeit von besonderer Bedeutung, da die frischen Kräfte des Morgentaus für eine hohe Qualität des Blütenmittels notwendig sind. Zuletzt ist der fundamental entscheidende Faktor das Bewußtsein desjenigen, der die Mittel vorbereitet und der sie herstellt, da die Essenz einer Blume nur durch die Fähigkeit, mit der tiefsten Ebene der Pflanze Kontakt aufzunehmen, wachgerufen werden kann.
Zur Herstellung der Blütenessenzen geht man in weitgehend unbelastete Berggegenden in den kalifornischen Bergen der Rocky Mountains. Dort wählt man einen besonders harmonischen Ort inmitten einer Fülle von wildwachsenden Blumen und Kräutern und stimmt sich meditativ auf die Arbeit ein.
Es gibt drei wesentliche Schritte der Zubereitung von Blütenessenzen. Eine reine Glasschüssel wird inmitten der Blumen aufgestellt und mit reinem Quellwasser gefüllt. Die Blüten werden sorgfältig ausgewählt, vorsichtig, ohne sie direkt zu berühren, mit der Hand gepflückt und behutsam auf die Wasseroberfläche gelegt. In der natürlichen Umgebung der Pflanzen wird die Glasschüssel der unvergleichlichen Sonnenstrahlung Kaliforniens für einen Tag ausgesetzt.
Nachdem die Sonne für einige Stunden Ihre Wirkung getan hat, hat das Quellwasser die besondere Schwingung der Blüte in sich aufgenommen. Vorsichtig werden die Blüten von der Wasseroberfläche genommen und der Natur zurückgegeben. Jetzt hat man die Mutteressenz, die das spezifische Schwingungsmuster der Blüte trägt.

Zur Konservierung fügt man Alkohol hinzu und energetisiert die Mischung mit rhythmischen Bewegungen.
Wer mit der Materie noch nicht befaßt ist, für den ist es ein wenig schwer, an die Wirkung solcher Blütenmittel zu glauben. Aber das brauchen Sie auch nicht. Versuche haben immer wieder gezeigt, daß sie auch Tieren und Pflanzen helfen.
Lieber Leser, Sie haben jetzt erfahren, wie Kalifornische Blütenessenzen gewonnen werden. Wissenschaftler wie Ärzte halten das alles für Humbug, lachen verächtlich darüber und probieren es erst gar nicht aus. Es gibt aber auch Ärzte, die sich einlesen, sie ausprobieren und großartige Erfolge damit erzielen. Vergessen Sie eines nicht, wer verächtlich lacht, weiß in der Regel nicht Bescheid. Will sich auch gar nicht informieren. So was läßt sich einfach nicht mit materialistischem Denken vereinbaren.
Die Kalifornischen Blütenessenzen haben keinerlei Nebenwirkungen, "brechen" aber die Seele eines Menschen auf, unterstützen sie, wenn es sein muß.
Es gibt sehr viele Anwendungsbereiche. Ich möchte nur ein paar Beispiele aus dem Buch bringen, um Ihnen zu zeigen, daß man auch als Laie damit arbeiten kann.
"Bei Gleichgültigkeit dem Leben gegenüber, um mehr Begeisterunsfähigkeit aufzubauen, bei Mangel an Motivation, gesund zu werden, besonders bei sich hinziehenden Krankheiten, gibt man California Wild Rose.
Wenn die Psyche zu sehr ausgeweitet ist, zerfließt, wenn verletzlich durch schädliche Einflüsse, gibt man Saint John's Wort.
Infolge Überanstrengung der schöpferischen Kräfte, wenn man sich ausgebrannt fühlt, gibt man Aloe Vera.
Wenn man aufgewühlt ist und extreme Emotionen hat, die zu Hysterie neigen, gibt man Canyon Dudleya.

Bei unbedeutenden Sorgen und Ängsten, besonders beim Hang zu zwanghaftem oder besessenem Verhalten, gibt man Filaree.
Bei Furcht vor den negativen Kräften unserer Zeit, wenn es not tut, den positiven Sinn für das Kämpfertum zu erwecken, gibt man Mountain Pride.
Gegen Gefühle des Zornes, explosive Emotionen infolge eines Gefühls der Machtlosigkeit, gibt man Scarlet Monkeyflower.
Ich habe nur eine winzige Aufstellung gebracht. Sie können aber daran ersehen, daß es für jede seelische Situation eine Blütenessenz gibt. Sie unterstützt den Menschen, so daß er sich dann schneller findet.
Ich selbst durfte ein paar Mal schon erleben, wie schnell die Menschen darauf reagieren. Wenn Sie also glauben, Ihr Angehöriger könnte sich dann schneller wieder ins normale Leben zurücktasten, dann sollten Sie sich auf jeden Fall die Mühe machen und nach der richtigen Blütenessenz suchen. Sie brauchen wirklich keine Angst zu haben, etwas falsch zu machen. In dem Buch sind genaue Beschreibungen, wie sie wirken. Sollten Sie sich aber die richtige Auswahl der Essenzen noch nicht zutrauen, gibt es auch in Deutschland, in Österreich und in der Schweiz schon eine ganze Reihe erfahrener Therapeuten, die mit den Kalifornischen Blütenessenzen arbeiten und wunderbare Erfolge damit haben.
Jetzt kommt aber ein kleines Hindernisrennen! Man verlacht diese Heilkraft zwar und sagt, sie helfe gar nicht. Das hält den Gesetzgeber aber nicht davon ab, ihre Verbreitung zu erschweren. Sie sind im Augenblick nicht frei käuflich. Man muß zu einem Arzt gehen, der einem die Blütenessenzen verschreibt. Haben Sie also herausgefunden, welche Blütenessenz Ihrem Angehörigen helfen würde, dann gehen Sie zu Ihrem Hausarzt und bitten ihn um ein Privatrezept. Dieses Rezept geben

Sie Ihrer Apotheke, die Ihnen die Blütenessenz besorgt. Kalifornische Blütenessenzen sind auch nicht teuer. Er wird sicherlich nichts dagegen haben und sie verschreiben. Vermutlich wird er Ihnen sagen, daß sie nichts helfen. Bleiben Sie freundlich bei Ihrem Ansinnen, es trotzdem zu versuchen. Bei psychisch Kranken ist man immer ein wenig unsicher, also wird man Ihnen das Gewünschte geben.

Wenn sich dann der Erfolg einstellt, können Sie ja anschließend mit Ihrem Arzt darüber reden, und vielleicht finden wir gemeinsam wieder einen Therapeuten, der begreifen lernt, daß es noch ein wenig mehr auf dieser Welt gibt, was die Schulweisheit uns noch nicht lehrt.

Die Kalifornischen Blütenessenzen sind am wirksamsten als Teil eines Gesamtprogramms mit einer Ernährungsdiät.

Aus Kalifornien kommen nicht nur die Essenzen, sondern auch eine Hautcreme und Kräuterblütenöle mit besonderen Wirkstoffen, die auch der Seele Hilfe bringen. Blütenessenzen sind keine Drogen und haben bezeichnend unterschiedliche Eigenschaften zu psychoaktiven Drogen wie Tranquilizer, Antidepressiva oder Psychodelika. Sie überschwemmen weder das Bewußtsein noch greifen sie in die Körperchemie ein. Aus der Sicht der materiellen Medizin enthalten sie keine im Labor feststellbaren Mengen physischer Substanz. Blütenessenzen sind ein feinstofflicher Eindruck der Blüten im Quellwasser, der in einer subtilen Sprache zur Seele spricht. Sie befreien den Menschen, damit er entsprechend seinem inneren Ruf reagieren kann.

Ich möchte hier ein paar Fallstudien mit Kindern bringen:

Eine Mutter berichtete, daß ihr siebeneinhalb Jahre alter Sohn eine schwierige Phase erlebte. Er bekam in der

Schule Heilbehandlungen wegen seiner Sprachprobleme, welche ihrerseits Schwierigkeiten in Rechtschreibung, Lesen und Schreiben verursachten. Sie schrieb, daß ihr Sohn außerordentlich entmutigt war und daß die anderen Kinder ihn verurteilten. Auch begann er zu Hause und in der Schule sehr weinerlich zu werden und auf die anderen zu schimpfen. Er wollte nicht mehr in die Schule gehen. Seine Mutter gab ihm Self-Heal, Larch, Chicory, Willow und Pink Yarrow. Innerhalb von Tagen konnte sie feststellen, daß sich eine Wandlung anbahnte und innerhalb von einigen Wochen fingen auch seine Lehrer an, sich über die außerordentlichen Fortschritte zu wundern, die ihr Sohn machte. Sie schrieben auf eine Berichtkarte: "Daniel hat in den letzten Wochen wesentliche Fortschritte gemacht. Im Rechtschreiben ist sein Fortschritt größer als erwartet." Seine Mutter sagte dazu: "Es war wunderbar zu beobachten, wie sich Daniel gewandelt hat von einem Kind, das nicht zur Schule gehen wollte, das depressiv, entmutigt und fordernd war. Nun ist er enthusiastisch, hat das Gefühl, alles ist möglich und freut sich wieder über die Schule".
Ein vierjähriger Junge zeigte viele Anzeichen äußerster Furcht, die sich zurückverfolgen ließen, als seine Mutter ihn mit zwei Jahren verließ und er daraufhin zu einer Pflegefamilie kam. Er kam in die Therapie, als er von einer anderen Familie adoptiert worden war. Er hatte schwere Phasen von Angstanfällen, Alpträumen und aggressivem Verhalten gegen seine Mutter. Es schien, daß dieser Junge nie seinen eigenen Identitätskern ausbilden konnte, was normalerweise bei der "psychologischen Geburt" zwischen 2 1/2 und drei Jahren geschieht. Er sagte zu sich selbst nicht "ich".
Mariposa Lily wurde gegeben, um die unterbrochene Bindungsfähigkeit während seiner kritischen Jahre wiederherstellen zu helfen. Self-Heal wurde als Kataly-

sator für die allgemeine Heilung hinzugegeben, und um größeres inneres Vertrauen und Selbstbemeisterung zu entwickeln. Die Essenz Sunflower wurde beigemischt, damit er sein inneres Selbst oder Ich-Bewußtsein finden konnte.

Nach zwei Monaten begann das Kind das erste Mal "ich" zu sagen. Dieses Erkennen spiegelte sich in der Therapie wieder. Deutlicher Wandel war sichtbar in seinem gesamten Verhalten, einschließlich Abnehmen der Wutausbrüche, geminderter Schreckhaftigkeit nachts, mehr Zuneigung zu seinen neuen Eltern, und einem besseren Verhältnis zu den beiden *Geschwistern, die sechs Monate und ein Jahr alt waren.*

Er zeigte auf Dauer seinem Alter entsprechende emotionale Reife ohne größere Rückschläge oder Symptome regressiven Verhaltens.

Der dritte Fall wird von einer Großmutter geschildert, die ihre fünfjährige Enkelin tagsüber betreute: "Als die Enkelin am Morgen ankam, war sie teilnahmslos und matt und hatte seit drei Tagen nichts im Magen behalten können, selbst kein Wasser. Sie bekam die Essenzen Chamomile, Self-Heal und Yarrow in kurzen Abständen. Am späten Morgen verkündete sie, sie habe Hunger auf Rührei mit Toast und Getreideflocken. Nach diesem herzhaften Gabelfrühstück beschloß sie, Ballett zu üben. Als ihre Mutter um 17 Uhr kam, sagte diese: "Ich kann kaum glauben, daß dies dasselbe Mädchen ist, das ich heute früh hier ließ". Man setzte die Behandlung mit denselben Mitteln zu Hause fort, wo die Familienmitglieder bemerkten, daß Züge von Nervosität, Reizbarkeit und Negativität, die das Kind in den letzten Wochen gezeigt hatte, sich sehr gemildert hatten".

Es gibt auch eine bemerkenswerte Fallstudie, die sich vor vielen Jahren zutrug, als man über die Qualitäten von Mariposa Lily noch Forschungen betrieb.

Eine Frau berichtete, daß sie eine starke, intuitive Anziehung für dieses Mittel spürte, obgleich sie dessen Eigenschaften nicht kannte. Sie hatte kürzlich ein Kind durch Fehlgeburt verloren und fühlte unermeßlichen Kummer darüber und dazu Zweifel an ihren eigenen mütterlichen Fähigkeiten. Sie nahm dieses Mittel über einen Zeitraum von mehreren Wochen.
Zunächst fühlte sie ein sofortiges Nachlassen des Schmerzes, so, als werde sie von einer "spirituellen Mutter" gehalten und getröstet. Im Laufe der Zeit fühlte diese Frau das Bedürfnis, mit ihrer eigenen Mutter Verbindung aufzunehmen, obwohl sie seit vielen Jahren einander entfremdet waren. Sie hatte das Gefühl, daß sie zu diesem Zeitpunkt die Bindung zu ihrer Mutter heilte, die seit Kindheit gestört gewesen war. Es wurde ihr klar, daß dies eine starke Quelle ihrer inneren Zweifel und Wunden hinsichtlich ihrer Mutterschaft war. Schließlich brachte sie erneut und erfolgreich ein Kind zur Welt.
Dieses sind nur ein paar Fallbeispiele, die dem Buch "Blüten heilen Kinderseelen" von Herbert Thelesklaf, LAREDO VERLAG MÜNCHEN, entnommen sind. Ich habe bewußt nur Kinderbeispiele gewählt, damit Sie, lieber Leser, ersehen, daß die Essenzen wirklich helfen. Bei Erwachsenen nimmt man ja immer an, der Verstand würde die Sache lenken und nicht das Feinstoffliche. Ebenso kann man auch Tiere mit Blütenessenzen behandeln.
Man muß einfach lernen, neue Wege zu gehen, wenn man gesund werden will. Wenn es Wege ohne Nebenwirkung sind, Wege, die letztendlich wirklich zum Ziele führen, dann finde ich, sollte man sie beschreiten.

UNGEWÖHNLICHE BESTIMMUNGSMETHODEN FÜR MINERALSTOFFSTÖRUNGEN

Ganz zum Schluß möchten wir Ihnen aufzeigen, wie man zu den richtigen Werten der Mangelzustände des psychisch Kranken kommen kann. Wieder einmal eine Sache, die klappt und zudem auch noch ohne Nebenwirkungen ist. Außerdem auch sehr billig. Jeder kann sich eine Mineralstoffanalyse erstellen lassen. Daß sie unschädlich ist, haben wir Ihnen ja schon gesagt.

Die übergeordnete Bedeutung der Mineralstoffe bei Geisteskrankheiten haben wir vielfach betont. Gewissermaßen stellen die genannten Substanzen das wichtigste Glied in der Lösung der psychischen Krankheitsbilder dar. Ohne Korrektur wichtiger Mangelerscheinungen dieser lebenswichtigen Bioregulatoren, gemeint sind die Vitamine und Mineralstoffe, kann es keine Heilung oder ausreichende Stabilisierung bei Depressionen und Geisteskrankheiten geben. Störungen in dem feingewobenen Netz unseres Stoffwechsels führen dazu, daß auch Entgleisungen im psychischen Bereich, mit Auftreten von Depressionen, Neurosen und Psychosen, sich bemerkbar machen und unser Leben vergällen. Das Verlassen einer natürlichen Lebensordnung, das Anhäufen von Giftstoffen in unserer Umwelt, reichlicher Verzehr denaturierter Nahrungsmittel und vermehrter Streß rauben uns im erheblichen Maße die wichtigen Nährstoffe für unsere Seele. Oft sind unsere Ärzte und wir diesem Problem *scheinbar* hilflos ausgeliefert. Dabei ist das Erkennen von Mangelzuständen an Vitaminen und Mineralstoffen von entscheidender Bedeutung für die Heilung unserer seelischen Krankheiten.

In der Medizin hat sich der Begriff psychosomatischer Erkrankungen weit verbreitet. Wir alle wissen, daß Streß, Ängste und Überforderung eine Vielzahl von

Krankheiten begünstigen. Das versteht jeder. Daß umgekehrt aber organische Störungen bis hinein in die feinstoffliche Ebene ebenfalls Krankheiten hervorrufen können, wird nur allzuoft in der heutigen Medizin erwähnt. So wird die Störung A durch die Pille B behandelt, die wiederum die Nebenwirkungen C hervorruft. Ein Symptom wird also mit einem Medikament behandelt, das dieses überdeckt und darüber hinaus neue Symptome produzieren kann. Leider wissen unsere Ärzte und auch wir Laien zu wenig über die Bedeutung des Stoffwechsels für unser psychisches Wohlbefinden! Richtiger Stoffwechsel erfordert eine ausreichende Menge an Vitaminen und Mineralstoffen als Biokatalysatoren des stofflichen Geschehens.

Blut- (Serum-) Untersuchungen erfassen im Mineralstoffbereich selten die richtigen Verhältnisse. Wie oft haben wir selber gehört, daß ein Patient mit einer langwierigen chronischen Krankheit in der Klinik durchuntersucht wurde, ohne daß eine Diagnose gestellt werden konnte. Dies bedeutet letztendlich, daß Blut-, Röntgen- und Gewebeuntersuchungen nur ein grobes Raster in einem diagnostischen Puzzlespiel darstellen. Fachspezialisierte Ärzte unterliegen selten dem Trugschluß, damit alles finden zu können. Die nichtgestellte Diagnose stempelt Kranke zum Teil als Hysteriker und Hypochonder ab. Wie froh ist mancher Kranke, wenn er nach vergeblicher Hoffnung auf Hilfe ein offenes Ohr für seine Beschwerden findet, ohne daß diese Mangelnachweisbarkeit durch die moderne Medizin als Einbildung abgetan wird. Die Reise mancher Patienten durch die moderne Medizin gleicht bisweilen einer Irrfahrt ohne Kompaß.

Nicht, daß die Beschwerden das Patienten nicht faßbar wären! Sie erfordern nur feinere Meßverfahren, die den

bioenergetischen Bereich und Stoffwechselstörungen, sowie Mangelerscheinungen, genau erfassen.
Für die außerordentlich bedeutsame Mineralstoffanalyse eignen sich Blutuntersuchungen relativ wenig, weil sie nicht die wahren Mangelerscheinungen unseres Körpergewebes erfassen. Ein erheblicher Kalziummangel, zum Beispiel bei einem Knochenschwund, muß noch lange nicht in einer Blutuntersuchung nachweisbar sein. Viel besser und treffsicherer eignen sich hierzu *Haarmineralienanalysen,* weil sie die Gewebeverhältnisse relativ treffsicher widerspiegeln. So finden wir in der Haaranalyse eher langfristige Störungen in der Mineralversorgung, die wenig beeinflußt wird, durch kurzfristige Schwankungen. Deswegen bieten sich die Untersuchungen der Haarmineralien auch als grundlegender Hinweis für das Erkennen wichtiger Mangelzustände bei Geisteskrankheiten und Depressionen an.
Zudem können wir nun gleichermaßen Belastungen mit giftigen Schwermetallen aus dieser Untersuchung erkennen. Schwermetalle ihrerseits können ja ebenfalls zu erheblichen psychischen und physischen Störungen führen. So ergibt das Resultat der Haarmineralienanalyse bereits wichtige Korrekturhinweise für die gestörte Versorgung mit Mineralstoffen. Wir können erkennen, wo schwerwiegende Mangelzustände bestehen. Damit sind uns gute Chancen in die Hand gegeben, durch an eben diesen Mineralstoffen reiche Nahrungsmittel, diese wichtigen Substanzen zuzuführen. Gleichermaßen können wir eine Korrektur der Mangelerscheinung durch Einnahme einzelner Mineralstoffe oder Mineralstoffmischungen vornehmen. Damit sind die ersten Weichen gestellt, einen frischen Aufwind für unsere Psyche oder bei Geisteskrankheiten zu erhalten.

Nicht das Beklagen von Krankheiten, sondern das In-Angriff-Nehmen unserer Probleme führt uns aus dem Dilemma hinaus.
Eine Haarmineralienanalyse kann jeder selbst erstellen lassen. Man benötigt dazu ein Tütchen mit Haaren, ca. zwei Teelöffel voll. Ausserdem muß man genau alle Haarpflege- und Färbemittel angeben, damit bei der Analyse eventuell von außen in das Haar gebrachte Mineralstoffe, die das Ergebnis verfälschen würden, berücksichtigt werden können. Die Analyse wird in Amerika erstellt, Auskünfte erteilt der Verlag.
Erforderliche Vitaminuntersuchungen werden in verschiedenen großen Labors durchgeführt. Die Kosten einzelner Vitaminbestimmungen bei privater Analyse liegen zwischen ca. DM 63,-- für Vitamin B1 und ca. DM 117,-- für Vitamin D.
Nachstehend eine Auflistung der für die verschiedenen Vitaminbestimmungen erforderlichen Materialien (für Ihren Arzt wichtig):

Untersuchung	benötigtes Material
Vitamin A	Serum 2 ml (lichtgeschützt)
Vitamin B1	EDTA-Blut 2 ml
Vitamin B2	EDTA-Blut 2 ml
Vitamin B6	EDTA-Blut 2 ml (lichtgeschützt)
Vitamin B12	Serum 1 ml
Vitamin C	Serum 4 ml (gefroren)
Vitamin D	Serum 2 ml Versand gefroren! (lichtgeschützt)
Vitamin E	Serum 2 ml

Nachstehend eine Referenzadresse:
Institut für Labormedizin Dr. med. U. Fischer–Brügge, Jahnstraße 7 – 9, 4460 Nordhorn.

Zum Schluß können wir Ihnen, lieber Leser, nur noch viel Mut und Kraft wünschen. Wenn dieses Buch zeitweise "fachlich" geschrieben wurde, dann war dies in der Absicht geschehen, Ärzten und Therapeuten wichtige Hinweise zu geben.
Vielleicht schreiben Sie uns einmal, ob Sie Ihrem Kranken wirklich eine große Hilfe sein durften.

QUELLENHINWEISE

Ärztefehler – pfuschen und vertuschen;
Fischer Verlag, Frankfurt 1986
Benedikt Heinrich: *Die Kabbala;*
Bauer Verlag 1986
Bio-Medizin;
Falken Verlag, Niederhausen 1983
Bachmann Christian: *Die Krebsfamilie;*
Fischer Verlag, Frankfurt 1983
Brecht Eduard A. *Deine Ernährung ist dein Schicksal;*
Brecht Verlag, Karlsruhe 1976
Das große Edgar Cayce-Buch;
Bauer Verlag, Freiburg 1983
Chemie in Lebensmitteln;
Verlag Zweitausendundeins, Köln 1981
Cousins Norman, *Der Arzt in uns selbst;*
RoRoRo 1984
Davis Adele: *Gesund bleiben ein Leben lang;*
Hornemann Verlag, Bonn 1983
Davis Roy: *Die Macht der Seele;*
CSA-Verlag, Frankfurt 1978
Dem Licht entgegen;
Verlag Vandrer Mod Lystets Verlag, Aps, Kopenhagen
Derlon Pierre: *Die Gärten der Einweihung;*
Sphinx Verlag, Basel 1982
Der Findhorn-Garten;
Franz Schickler Verlag, Berlin 1975
Der praktische Lehmdoktor;
Verlag Wilhelm Möller, Oranienburg bei Berlin 1917 (nicht mehr erhältlich)
Diamond John Dr.: *Der Körper lügt nicht;*
Verlag für angewandte Kinesiologie, Freiburg, 1979

Diamond John Dr.: *Die heilende Kraft der Emotionen;*
Verlag für angewandte Kinesiologie, Freiburg 1987
Eggenstein Kurt: *Der Prophet J. Lorber;*
Verlag Mehr Wissen, Düsseldorf 1987
Eknath, Easwaren, Mantram: *Hilfe durch die Kraft des Wortes;*
Bauer Verlag, Freiburg 1986
Ernst Andrea/Füller Ingrid: *Schlucken und Schweigen;*
Kiepenheuer und Witsch, Köln, 1988
Geros Klaus: *ÖKO–ABC;*
Bastei Verlag, 1986
Graff Paul: *Aids;*
Knaur Verlag, 1986
Häberle Thomas: *Helfen und Heilen;*
Veritas Verlag, Linz 1984
Haich Elisabeth: *Einweihung;*
Drei Eichen Verlag, München 1985
Harzmoser Pfarrer: *Gesundheitsbuch;*
Stauffacher Verlag, Zürich 1962
Herberts Gottfried: *Begegnungen mit Außerirdischen;*
Fischer Verlag, Frankfurt 1977
Homogenius/Ro: *Wissenschaftler des Uranus testen Erdvölker;*
Ventla Verlag, Wiesbaden 1974
Hauschka Rudolf: *Ernährungslehre;*
Verlag Vittorio Klostermann, Frankfurt 1979
Hauschka Rudolf: *Heilmittellehre;*
Verlag Vittorio Klostermann, Frankfurt 1979
Hauschka Rudolf: *Substanzlehre;*
Verlag Vittorio Klostermann, Frankfurt 1979
Höting Hans: *Die sechs heiligen Laute;*
Bauer Verlag, Freiburg 1988
Isberner–Haldane Ernst: *Die medizinische Hand– und Nageldiagnostik;*
Bauer Verlag, Freiburg 1981

Jaeckel Karl–Heinz: *Dialog mit dem Jenseits;*
Neugra Verlag, München 1984
Dr. Jampolsky; *Lieben heißt die Angst verlieren;*
Hübner Verlag, Waldeck 1981
Just Adolf: *Kehrt zur Natur zurück;* 1930
Katz, Richard/Kaminski Patricia: *Blütenessenzen – Repertorium ihrer Wirkungsweisen;*
Laredo Verlag Thelesklaf, München 1989
Keller Willi: *Autogene Biodynamik;*
Kushi Michio: *Orientalische Diagnos;*
Pala Verlag 1980
Leiter Elionor: *So lebe ich, so bleibe ich jung;*
Unipress Verlag, München 1987
Lindenberg Waldimir: *Die Menschheit betet;*
Ernst Reinhard Verlag, München 1983
Lock: *Charles Waldemar;* (nicht mehr erhältlich)
Löffler Helmut: *Naturheilkunde von A – Z;*
Moewig Verlag, München 1981
Löhlein Herbert A.: *Angst, ein Bluff der eigenen Seele;*
Verlag Dr. Heilmeier, München 1967
Lorber Jakob: *Geistige Anatomie des Menschen;*
Lorber Verlag, Bietigheim 1960
MacLean Dorothy: *Du kannst mit Engeln sprechen;*
Auquamarin Verlag, Grafing 1980
Dr. Mackkerness Richard: *Allergie gegen Nahrungsmittel und Chemikalien;*
Hippokrates Verlag, Stuttgart 1986
Malin Lisa: *Die schönen Kräfte;*
Verlag Zweitausendundeins, Frankfurt 1986
Messegue Maurice: *Heilkräuter Lexikon;*
Moewig Verlag, München 1975
Meyer–Höstgen Hans: *Hirntod;*
Suhrkamp Verlag, Frankfurt 1985

Dr. med. Moolenberg: *Engel als Beschützer und Helfer des Menschen;*
Bauer Verlag, Freiburg 1985
Münzing-Ruef Ingeborg: *So stärken Sie Ihr Immunsystem;*
Heyne Verlag 1987
Naborn Muramoto: Heile *dich selbst;*
Hugendubel, München 1987
Nöcker Rose-Marie: *Großes Buch der Sprossen und Keime;*
Heyne Verlag 1987
Dr. Nowotny Karl: *Mediale Schriften;*
Laredo Verlag Thelesklaf, München 1989
Pfeiffer Carl C.: *Nährstoff-Therapie bei Geisteskrankheiten;*
Haug Verlag, Heidelberg 1986
Dr. med. Pollenmacher Trudel: *Was können Ärzte und Eltern für das behinderte Kind tun?*
Sommer Verlag, Teuningen
Prof. Rafaelsen: *Depression, Melancholie, Manie;*
Thieme Verlag, Stuttgart 1978
Roberts Jane: *Die Natur der persönlichen Realität;*
Ariston Verlag, Genf 1985
Roberts Jane: *Gespräche mit Seth;*
Goldmann Verlag 1986
Ruesch Hans: *Die Pharma-Story;*
Hirthammer Verlag, München 1985
Rutan Theo: *Befreiung aus den Fesseln der Psychiatrie;*
Waerlandkreis, München 1988
Scherer Kurt: *Mit Streß leben;*
Häusler Verlag, Neuhausen-Stuttgart 1976
Schiegl Heinz: *Color-Therapie;*
Bauer Verlag, Freiburg 1979

Schmidt K./Bayer: *Die Bedeutung des Zinks in der Medizin;*
Verlag Dr. E. Fischer, Heidelberg 1983
Schmiedberger Peter: *Der kritische Patient;*
Südwest Verlag, München, 1977
Schou M.: *Lithium–Behandlung;*
Thieme Verlag, Stuttgart 1978
Schwitters: *Überleben mit einem Körper;*
Raum & Zeit Verlag, Gherden 1985
Sills–Fuchs M.: *Wiederkehr der Kelten;*
Knaur, 1983
Stangl Anton: *Hoffnung auf Heilung;*
Econ Verlag, Düsseldorf 1984
Surya G. W.: *Der Mensch;*
Verlag von Karl Rohm, Lorch 1935 (nicht mehr erhältlich)
Surya G. W.: *Rationelle Krebs– und Lupuskuren;*
Verlag von Karl Rohm, Lorch 1950 (nicht mehr erhältlich)
Dr. Thakkur: *Ayurveda;*
Bauer Verlag, Freiburg 1977
Thelesklaf Herbert: *Blüten heilen Kinderseelen;*
Laredo Verlag Thelesklaf, München 1990
Thowald Jürgen: *Macht und Geheimnis der frühen Ärzte;*
Knaur, München 1962
Tompkins Peter: *Das geheime Leben der Pflanzen;*
Fischer Verlag, Frankfurt 1987
Valnet Jean: *Aroma Therapie;*
Heyne Verlag 1986
Villoldo: *Heilen und Schamanismus;*
Sphinx Verlag, Basel 1986
Vogel Alfred: *Der kleine Doktor;*
Heyne Verlag, München 1952

Waerland Are: *Befreiung aus dem Hexenkessel der Krankheiten;*
Humata Verlag, Bern 1953

Winter Jason: *So bekämpfte ich meinen Krebs;*
Swiss Australien Company 1985

Wurster Gerda: *Auch dazu ward ihm der Verstand gegeben;*
Lichtwald Verlag, Oldenburg 1986

Dr. Ziff Sam: *Amalgam;*
Hübner Verlag, Waldeck 1985

Dr. Zoth Volker: *Freiheit und Glück;*
Peter Erd Verlag, München 1987

VORTRÄGE UND SEMINARE DER AUTOREN

Beide Autoren stehen auf Wunsch zu Vorträgen zur Verfügung, um das Wissen zu den im Buch abgehandelten Themen zu vertiefen, ausreichende Teilnehmerzahl vorausgesetzt. Darüberhinaus besteht die Möglichkeit, Wochenendseminare zu den Themen Ernährung – Immunsystem – Stoffwechsel und Psyche zu belegen.

Interessenten fordern bitte Seminarprogramme bei:

Verlag Vier Flamingos
– Seminardienst –
Postfach 1528
4440 Rheine
Tel.: (05971)70092

Richard Katz/Patricia Kaminski

Blütenessenzen
Repertorium ihrer Wirkungsweisen

Sanfte Therapien nehmen mehr und mehr an Bedeutung zu. In der heutigen Zeit erkennt man dies an einer zunehmenden Anzahl von Veröffentlichungen über "Bach-Blüten", Blumen die durch die Seele heilen.
Blütenessenzen sind Katalysatoren für die Seele. Sie vermögen durch direkte und ausschließliche Einwirkung auf die Seele von Mensch, Tier und Pflanze, deren physische (körperliche) Leiden zu beeinflussen. Mehrmals am Tag angewendet, können sie unsere inneren Heilkräfte aktivieren.
Zur weiterführenden Forschungsarbeit über das Thema Heilung mit Blütenessenzen hat sich vor mehr als 10 Jahren in Kalifornien eine Gruppe interessierter Menschen unter der Führung eines Psychologen gebildet. Diese Gruppe hat seither eine große Zahl Blütenessenzen erforscht und über die Ergebnisse das "Flower Essence Repertory" geschrieben. Es wurde ein ausführliches Nachschlagewerk mit über 1 400 Eintragungen sowohl über die "Kalifornischen" als auch die 38 Bach-Blüten und ist vorzüglich zur sicheren Auswahl der richtigen Blütenessenzen sowohl für den Therapeuten als auch den Patienten geeignet.
Teil 1 des Repertoriums in deutscher Sprache gibt einen generellen Überblick über ca. 200 Symptomstichworte. Jeweils in kurzen Sätzen werden die "positiven" wie auch die "negativen" Qualitäten beschrieben.
Teil 2 enthält in alphabetischer Reihenfolge ca. 120 Blütenessenzen, sowie die Stichworte, unter denen sie in Teil 1 zu finden sind und eine kurze Beschreibung ihrer Wirkungen.

LAREDO VERLAG, 8000 München 81

ISNB 3-927518-00-X

Dirk Albrodt

Gesund durch Blütenessenzen

Handbuch Kalifornischer Blütenbehandlung

Nach Jahrzehnten der Erforschung und Etablierung der Bach–Blütentherapie ist nun die Zeit gekommen, weitere Erkenntnisse über die Heilkraft der Blüten zu suchen. Wie kann man das Spektrum der Möglichkeiten der Bach–Blüten erweitern? Gibt es Aspekte, die früher einen weniger großen Stellenwert in der Beurteilung von Blüten hatten, die heute aber beachtet werden sollten? Welche von Bach nicht benutzten Pflanzen verfügen dennoch über heilende Kräfte. Und welche sind für die Gegenwart, die Zeit des Umbruchs im Weltgefüge, besonders wichtig?
Das Buch "Gesund durch Blütenessenzen" faßt zum erstenmal die Informationen über die "neuen" Blüten zusammen. Jede einzelne von ihnen wird mit ihren Besonderheiten vorgestellt. Dazu wird ein Sechs–Schritt–Auswahlverfahren beschrieben, mit dessen Hilfe der Anwender schnell und sicher die für ihn selbst oder für andere passenden Blüten herausfinden kann. Kombinationen zueinander passender Essenzen werden vorgeschlagen aber auch ergänzende Therapievorschläge gemacht, die die Wirkung der Essenzen verstärken können.
Ein Handbuch zum Kennenlernen der Kalifornischen Blütenessenzen, zum Lernen, zum Nachschlagen - ein Versuch, jeden auf die Möglichkeiten, die in ihm ungenutzt ruhen, aufmerksam zu machen und auf die Chance, diese Möglichkeiten leicht und sanft zu nutzen.

LAREDO VERLAG, 8000 München 81

ISBN 3–927518–12–3

Herbert Thelesklaf

Blüten heilen Kinderseelen

In unserer modernen technologischen 'Kultur' erleben viele Kinder so etwas wie einen Schock, wenn sie in die irdische Umwelt eintreten, in der die Qualitäten der Natur zunehmend verändert und gestört sind. Es gibt viele Wege, Kindern zu helfen, ihre inneren Kräfte in der physischen Welt harmonisch zu entwickeln. Aber eine natürliche Therapie, die auf der 'Muttersprache' der Blüten gründet und über die Seele wirkt, ist sicherlich eine der sanftesten und angemessensten.

Besonders in der Therapie von Kindern (und des Kindes in jedem von uns) scheint es wichtig zu sein, die Bedeutung der Seele zu verstehen. Kinder sind ja noch so offen und aufnahmefähig für subtile Einflüsse. Deshalb sind Blütenessenzen bei Kindern von so großer Wirksamkeit. Therapeuten berichten, daß Kinder auf die passende Essenz sehr positiv und außergewöhnlich und häufig in kürzerer Zeit als Erwachsene reagieren.

Das Buch "Blüten heilen Kinderseelen" richtet sich in erster Linie an die Eltern. Es soll aber auch Therapeuten Hinweise geben, welche Blütenessenzen besonders für Kinder ausgewählt werden können. Eine Sammlung ausgewählter Fallbeispiele ergänzt das Werk.

Erscheint im 1. Quartal 1991

LAREDO VERLAG, 8000 München 81

ISBN 3-927518-02-6

Hans Höting

Kraftquell Gedanke
Gedankenkraft schafft Lebenskraft

Der Rolle des Geistes und der Energie bei der Vorbeugung und Heilung von Krankheiten wird von der Medizin eine immer größere Bedeutung zugemessen.
Hans Höting hat als Heilpraktiker bald erkannt, daß die wirkliche Ursache vieler Erkrankungen im geistig-energetischen Bereich zu suchen ist und daß echte, dauerhafte Heilung nur zu erreichen ist, wenn die Therapie hierauf abgestellt wird. "Kraftquell Gedanke" ist voll von theoretischen Hinweisen und praktischen Übungen zur Vorbeugung und Selbstbehandlung von Krankheiten. Dabei verbindet der Autor ganz bewußt die Verbindung von Witz und Weisheit. Damit will er den Leser auf zweierlei hinweisen:

1. Geistheilung hat nichts mit den oft frömmelnd, geheimnisvoll, fanatisch praktizierten, esoterisch angehauchten Heilbotschaften einiger selbsternannter Meditationsfreaks und Heilgurus zu tun. Geistheilung muß lebensnah bleiben, so, wie es der Humor ist.
2. Der Humor als Therapie durch eine ungewöhnliche Kombination von Witz und Weisheit.

Weil es hierbei um grundlegende Erkenntnisse und Lebensgesetze geht, gibt das Buch ganz nebenbei viele Anregungen zur Bewußtseinsbildung, zum Thema "Positive Lebenseinstellung" und "Lebensmeisterung", unterstützt durch viele Aphorismen.
Ein ungewöhnliches Buch, flüssig, praxisnah, interessant geschrieben. Es wendet sich an alle mit dem Ziel der Bewußtseinserweiterung, Verbesserung der Lebensqualität und der Festigung der eigenen Gesundheit. Vor allem aber sei das Buch Kranken empfohlen. Es zeigt ihnen neue Perspektiven auf, mit dem Schicksal Krankheit besser fertig zu werden.
Erscheint im 1. Quartal 1991.

ISBN 3-927518-10-7

Maruschi Adamah Magyarosy

Vom Ozean zum Gipfel

Teil 1: Unterwegs mit der Sehnsucht
Teil 2. Der Eremit und Ich

Maruschi Adamah Magyarosy beschreibt das Indien hinter dem Indien, gesehen, gehört, wahrgenommen mit anderen Augen, mit anderen Ohren, denn die Seele Indiens läßt sich weder "touristisch" noch durch "Guru–Shopping" erfassen. Sie will erlebt und erfühlt sein, mit dem ganzen Herzen, nicht nur mit den Augen. Und das ist ein Prozeß, der nicht in einer zweiwöchigen "Sight–Seeing–Tour" geschieht.
Über die Begegnung mit herausragenden spirituellen Persönlichkeiten und Lehrern erlebt M. A. M. ihre persönlichen Prozesse, die sie dem interessierten Leser in ihrer originellen Art und Weise mitteilt. Besonders berührend ist der zweite Teil, die unmittelbare Begegnung mit dem Sannyasin, der ihr in persönlicher Weise das vermittelt, was sie zeitweise bereits auf ihrer äußeren und inneren "Pilgerreise" vom Ozean zum Gipfel erlebt hat. Sie erfährt eine innere Neuwerdung – und das wichtigste: Liebe kommt nicht von außen – sie ist weder an Normen, noch an Konfessionen, noch an Konventionen gebunden. sie kennt kein Gesetz, kein Alter, kein Geschlecht, keine Rasse. Sie ist kein Spiel für Feiglinge und Schwächlinge. Sie wird aus unserem Bewußtsein geboren. Sie kann nur in Freiheit bestehen und sich entfalten. Und doch verbindet sie alles... denn um der Liebe willen ist die Schöpfung entstanden und um der Liebe willen wird sie aufrechterhalten..."

LAREDO VERLAG, 8000 München 81

ISBN 3–927518–11–5

Dozent Dr. Karl Nowotny

Mediale Schriften

Mitteilungen eines Arztes aus dem Jenseits.

Dr. Karl Nowotny war Facharzt für Psychiatrie, Neurologie und Individualpsychologie an der Universitätsklinik in Wien. Zahlreiche wissenschaftliche Arbeiten wurden von ihm veröffentlicht. Nach seinem Tode meldete er sich über sein Medium Grete Schröder, um seine Vorträge niederzuschreiben. Die "Medialen Schriften" wenden sich an jeden Menschen. In einfacher und klarer Sprache stellen sie die Zusammenhänge mit dem Jenseits dar und weisen Wege zu einer guten Lebensauffassung im Diesseits.

Themenschwerpunkte in Band 1

Geistwesen und geistige Tätigkeit.
Die kranke Seele als Ursache jeder Krankheit.
Freiheit des Willens und der Persönlichkeit.
Zusammenwirken von Seele, Geist und Körper.
Die Seele, der Sitz des Gefühlslebens und Motor für alle Lebensäußerungen.
Von den äußeren Einflüssen auf die Seele. Besessenheit und ihre Heilungsmethoden.
Grundlagen für die Entfaltung der Lebenskraft.
Vom Hinübergehen ins jenseitige Leben und vom notwendigen Wissen um die Zusammenhänge.
Beschäftigung mit Spiritismus und ihre Gefahren.
Verkehr mit der Geisterwelt und ihre Gefahren.
Die mediale Betätigung und die Berufung dazu.

LAREDO VERLAG, 8000 München 81

ISBN 3-927518-04-2

Dozent Dr. Karl Nowotny

Mediale Schriften
Band 2

Dr. Karl Nowotny setzt den Weg zur Bildung einer gesunden, jenseitsbewußten Lebensauffassung fort. Der Wert des Frotschritts in geistiger Hinsicht, Menschenkenntnis und ihre praktische Anwendung werden erläutert, ebenso die Bewertung der Kunst, Verwandschaft und Ehe in iridischer und jenseitiger Sicht. Positive Einflüsse finden eine Erklärung wie auch die Hintergründe sich negativ zeigender Einwirkungen aus dem Jenseits. Hilfen zur Beinfreiung von geistigen Störungen stehen zur Verfügung. Jede Krnakheit hat ihre Sitz in der Seele.

Themenschwerpunkte in Band 2

Vom Schicksal und vom Schicksalhaften.
Suggestion und Autosuggestion.
Menschenkenntnis und ihre praktische Anwendung.
Vom Einfluß vorangegangener Leben auf die Entwicklung im Irdischen.
Wissen um die Zusammenhänge mit dem Jenseits als Grundlage für eine gesunde Lebensauffassung und Erziehung.
Der Begriff des Fortschritts im geistigen Leben.
Die Einflüsse auf das Seelenleben und ihre Erforschung.
Der Einfluß des Außerirdischen auf die materielle Welt und die Entwicklung der Menschheit.
Erkennen der Ursachen psychischer Leiden und ihre Bekämpfung.

LAREDO VERLAG, 8000 München 81

ISBN 3-927518-05-0

Dozent Dr. Karl Nowotny

Mediale Schriften
Band 3

Themenschwerpunkte in Band 3

Unrichtige Auffassung vom Wert der triebhaften Liebe, ihre Gefahren und notwendige Aufklärung.
Über die Entartung durch Vererbung. Epilepsie und Multiple Sklerose und ihre Ursachen.
Über die Auswirkung seelischer Eindrücke. Die Vernunft.
Hellsehen, eine mediale Fähigkeit.
Die Seele als Bindeglied zum geistigen Bereich.
Behinderung der Seele durch unrichtige Auffassung vom Leben und Sterben.
Eigenes Urteil, Mut und Selbstvertrauen als Basis für die Umstellung auf eine gesunde Lebensauffassung.
Mut zur Wahrheit und seine Behinderung durch Milieu und Erziehung.
Armut und Reichtum als Basis für die Erfüllung der Lebensaufgaben.
Die Lüge, ein Attribut der Zivilisation.
Über die Irrwege abgeschiedener Geistwesen.
Über den Vorgang der Inkarnation.
Mangel an Mut zur Selbsterkenntnis als Ursache von Depressionen und ihre Behandlung.
Hysterie, ihre richtige Beurteilung und Behandlung.
Erscheint im 1. Quartal 1991.

LAREDO VERLAG, 8000 München 81

ISBN 3-927518-06-9

Gisela Friebel/Dr. med. Klaus Hoffmann

Heilen ist einfach

Medizin auf das Ursprüngliche und im wahrsten Sinne Einfache zurückgeführt. Heilung auf einfachste, ungefährlichste, billige Weise zu bewirken, so wie es die Natur und unsere Vorfahren vorgegeben haben. Das ist der Tenor dieses Buches, der die innerliche und äußerliche Anwendung von Heilerde als Heilmittel in den Mittelpunkt stellt.
Nachvollziehbar von jedem und frei von allen Risiken! Erstaunt wird so mancher Laie (und Fachmann!) über die vielen therapeutischen Möglichkeiten der Heilerde sein.
Äußerliche Anwendung, bei kosmetischen Problemen, eiternden(!) Wunden, Geschwüren, Arthiritis und zur Haarwäsche. Innerliche Anwendung zur Giftsoffbindung im Magen–Darm–Trakt, bei allen chronischen Krankheiten.
Ein interessantes und für jedermann verständlich geschriebenes Buch mit hohem informativen Wert.

Verlag Vier Flamingos, 4440 Rheine

ISNB 3–928306–00–6

Dr. med. Klaus Hoffmann

Rheuma heilt man anders

Provokativ sind nicht nur der Titel dieses Buches, sondern auch die Auffassungen des Mediziners Dr. Klaus Hoffmann zur Behandlung von Rheumaerkrankungen. Abseits der üblichen schulmedizinischen Behandlungen, die der Autor in ihrer Wertigkeit sehr relativiert, werden Heilbehandlungen aufgezeigt, die aus dem üblichen Rheumadilemma führen sollen.
Die Unheilbarkeit verschiedener Rheumaerkrankungen (von Schulmedizinern behauptet) wird in Frage gestellt und anhand diverser Behandlungsprotokolle stark relativiert.
Erst verschleppte Diagnostik, Schielen auf die nicht relevanten Laborwerte und Außerachtlassen aller Ernährungseinflüsse und nicht zuletzt durch schädliche Therapieformen können das Krankheitsgeschehen bis hin zur Invalidität führen.
Also nicht das Krankheitsbild selbst bedingt Unheilbarkeit, sondern wenig geeignete therapeutische Behandlungsformen.
Das im eigentlichen Sinne des Wortes alternative Buch erscheint im Frühjahr 1991.

Verlag Vier Flamingos, 4440 Rheine

ISNB 3-928306-01-4

Gisela Friebel-Röhring

Ich habe Krebs! Na und?

Gisela Friebel-Röhring wurde 1941 geboren. Sie ist verheiratet, hat zwei Kinder und lebt in Münster. Sie ist Schriftstellerin und sagt zu Ihrem Buch:
"Jedes Jahr erkranken über 200 000 Menschen in unserem Land an Krebs. Die Medizin ist oft machtlos. Das Urteil Krebs löst oft Panik und Todesängste aus. Ich selbst bin an Krebs erkrankt und habe einen Weg aus der Hoffnungslosigkeit gefunden und lebe noch immer. Ich habe erkannt, daß es an uns ganz allein liegt, ob wir diese Krankheit besiegen oder nicht. Das Buch wird Kraft zum Weiterkämpfen geben."

Hebel-Verlag, 7550 Rastatt

ISBN 3-87310-001-0

Gisela Friebel–Röhring

Ärzte sind nicht allwissend

Nach dem ungewöhnlichen Erfolg ihres tagebuchartigen Berichtes "Ich habe Krebs! Na und?" legt Frau Gisela Friebel–Röhring ihr zweites Buch vor. Die Autorin geht darin Irrtümern und Fehlentwicklungen der Schulmedizin nach. Sie zeigt auf, welche schlimmen Folgen es für den Patienten haben kann, wenn sich die ärztliche Behandlung auf Stahl, Strahl und Chemie beschränkt und dabei die Seele außer acht läßt. Vor allem geht es der Autorin darum, daß in der Medizin wieder die natürlichen Heilmittel eingesetzt werden, mit denen erstaunliche Erfolge ohne schädliche Nebenwirkungen erzielt werden können.

Hebel–Verlag, 7550 Rastatt

ISBN 3–87310–002–9

Gisela Friebel–Röhring

Essen Sie gern Tapetenkleister?

In diesem Buch wird aufgedeckt, wie wir von der Werbung hinters Licht geführt werden. Frau Gisela Friebel–Röhring zeigt auf, daß viele und schwere Erkrankungen durch falsche Ernährung verursacht werden. 20 von 60 Millionen Bundesbürger sind schwer geschädigt durch Herz– und Kreislauferkrankungen, Krebs und Rheuma, Allergien usw., weil sie ihrem Körper nicht zu jeder Jahreszeit die Nahrungsmittel zuführen, die er braucht.
Hier setzt die Autorin an, um Wege zu einer gesunden Ernährung aufzuzeigen. Dabei ordnet sie Lebensmittel nicht in herkömmlicher Weise nach den chemischen Inhaltsstoffen, sondern nach den fünf Elementen. Es zeigt sich, daß manches Essen, das vollwertig zu sein scheint, doch nur "Tapetenkleister" ist. Das Buch ist eine echte Hilfe auf dem Weg zu einer gesunden Ernährung.

Hebel–Verlag, 7550 Rastatt

ISBN 3–87310–003–7

Gisela Friebel-Röhring

Ich habe Krebs – und lebe noch immer

Trotz steigender Ausgaben im Gesundheitswesen sterben heute immer mehr Menschen an Krebs. Allein 1987 waren ein Viertel aller Sterbefälle auf eine Krebserkrankung zurückzuführen. Durch falsche Diagnose und Therapien, die keine sind, werden nicht nur Krebspatienten gefährdet.
Frau Friebel Röhring hatte Krebs, wurde operiert und chemotherapeutisch behandelt. Als sie feststellte, daß es ihr dadurch immer schlechter ging, begann sie sich mit Mitteln der Naturheilkunde selbst zu helfen.
Im vorliegenden Buch gibt sie viele praktische Ratschläge und beschreibt, warum die einzelnen Mittel wirken. Alles hat sie selbst ausprobiert.
Obwohl ihr ein Arzt prophezeite, daß sie spätestens in einem Jahr "angekrochen" käme, lehnte sie bis zum heutigen Tag jede weitere ärztliche Behandlung strikt ab. Fünf Jahre nach der Opeation und Chemotherapie fühlt sie sich wohler denn je.
"Ich habe Krebs – und lebe noch immer " ist nicht nur für Krebspatienten ein wichtiger Ratgeber.

Verlag Vier Flamingos, 4440 Rheine

ISBN 3-928306-02-2

Gisela Friebel-Röhring

Sind wir schon alle Versuchskarnickel?

"Sind wir schon alle Versuchskarnickel?" ist sicher ein provokativer Titel. Dennoch, Gisela Friebel-Röhring weiß, worüber sie schreibt. Sie ist selbst lange Versuchskarnickel gewesen.
Um welchen Preis Mediziner und Wissenschaftler forschen, wie die Erfolge dieser gewinnbringenden Branche aussehen und wie schwerkranke Menschen und Tiere auf der Strecke bleiben, beschreibt dieser Report. Die Autorin zeigt zum Beispiel auf, daß von Frauen entnommene Eizellen nicht nur zur außerkörperlichen Befruchtung verwendet werden. Schließlich nimmt Frau Friebel-Röhring auch beim Thema "AIDS" kein Blatt vor den Mund. Wohl erstmalig werden in diesem Buch Möglichkeiten einer unterstützenden Therapie aus naturheilkundlicher Sicht gegeben.

Verlag Vier Flamingos, 4440 Rheine

ISBN 3-928306-03-0

Monika Küchler

Wegweiser der Liebe

Es ist an der Zeit, daß wir uns alle wirklich unseres Geist-Seins bewußt werden. Es ist an der Zeit - gerade angesichts der zunehmend verdichteten, zerstörerischen Energie, die sich über unseren Planeten Erde ausbreitet - uns mit unserem Mensch-Sein zu versöhnen, nachdem wir erkannt haben, Geist zu sein. Versöhnen aber heißt zunächst Akzeptanz dieses unseres eingeengten, gefangenen Da-seins als Geist in Menschengestalt.
Da wir unsere Ausdrucksmöglichkeit körperlicher Nähe und Sexualität dazu benutzt haben, unserer einst in geistigen Existenzbereichen entstandenen "Schöpfungs- und Eifer-Sucht" - nun in materieller Gestalt - "freien Lauf" zu lassen, da wir also über den Weg der körperlichen Nähe, bzw. "Sexualität", leiden-schaffende Formen oder Seelenbedrückungen geschaffen haben, können wir auch nur mithilfe unserer "Ausdrucksmöglichkeit Körper" solche Seelenbedrückungen wieder lösen.
Wir müssen wieder - oder neu - lernen, über unseren Körper und mithilfe unseres Körpers Liebe, die wahre Liebe, wirksam werden zu lassen.
Mit diesem Buch soll angeregt werden, das Leben dahingehend zu überprüfen, wie man mit "Sexualität" umgeht, und was "Liebe" ist. Es soll aber auch darauf hin-weisen, daß es in der "neuen Zeit", auf die nun alles hindrängt, mithilfe der veränderten schwingenden Energie, die dieser Planet mit allen, was auf ihm lebt, erfahren wird, "neue Lebensformen" geben wird, auf die es sich vorzubereiten gilt.
Überall, mehr oder weniger "öffentlich", beginnen Menschen auf dieser Erde, "in der Liebe" zu leben, dem "Wegweiser der Liebe" zu folgen.
Erscheint im 2. Quartal 1991

ISNB 3-927518-15-8

William P. Lambert
M.I.P.T.I., M.A.P.N.T.

Die menschliche Aura
Unser Lebensregenbogen

Das faszinierende Strahlen der menschlichen Aura kann so wunderschön sein, daß es jenseits einer adäquaten Darstellung mit weltlichen Farben durch jeden Künstler liegt. Das kommt daher, daß die Aura in ihrer Erscheinung lebendig ist, schwingt und sich irisierend in Regenbogen-artig strahlenden Farben entfaltet, die sich bewegen und pulsieren. Die Aura offenbart die Qualität, den Fortschritt und die Entwicklung einer Seele.
Das Buch enthält viele farbige Aurabilder und ist die Geschichte eigener Erfahrungen eines natürlich-sensitiven Menschen, der 1983 plötzlich entdeckte, daß er Aurabilder malen konnte. 1985 zeichnete er mit einemmal mit geschlossenen Augen ein vollständiges Gesicht - in das Aurabild eines Patienten.
Seither hat man den Autor gebeten mehrere Tausend Auras, aus der Inspiration heraus, zu malen. Diese Bilder entstehen in Verbindung mit spiritueller Psychotherapie, um Probleme aus tieferen Ebenen des Bewußtseins zu klären. Berücksichtigt werden auch die kosmischen Gesetze.
William P. Lambert ist seit 1970 "Heilender Kanal". 1976 trat er in die White Lodge (Ausbildungszentrum für Geistheiler in England) ein. 1985 gab er seine berufliche Tätigkeit auf und arbeitet seither als Lehrer für die White Lodge in England, Deutschland und Österreich.
Er ist Gründer von "The Triad Center" in Horsham und unterrichtet dort Heilen für den West Sussex County Council.
Er ist stellvertretender Vorsitzender der Sussex Spiritual Healers Association mit über 600 Mitgliedern.
Erscheint im 2. Quartal 1991

ISNB 3-927518-14-X